"十四五"时期国家重点出版物出版专项规划项目

★ 转型时代的中国财经战略论丛 ◢

新凯恩斯菲利普斯曲线研究

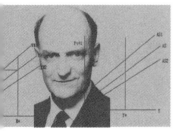

Study on the New Keynesian Phillips Curve

尹双明 著

中国财经出版传媒集团

经济科学出版社
Economic Science Press

图书在版编目（CIP）数据

新凯恩斯菲利普斯曲线研究/尹双明著 . -- 北京：
经济科学出版社，2022.9
（转型时代的中国财经战略论丛）
ISBN 978 - 7 - 5218 - 4024 - 7

Ⅰ.①新…　Ⅱ.①尹…　Ⅲ.①新凯恩斯主义 - 菲利普
斯曲线 - 研究　Ⅳ.①F224.0

中国版本图书馆 CIP 数据核字（2022）第 173022 号

责任编辑：于　源　姜思伊
责任校对：郑淑艳
责任印制：范　艳

新凯恩斯菲利普斯曲线研究

Study on the New Keynesian Phillips Curve

尹双明　著

经济科学出版社出版、发行　新华书店经销
社址：北京市海淀区阜成路甲 28 号　邮编：100142
总编部电话：010 - 88191217　发行部电话：010 - 88191522
网址：www.esp.com.cn
电子邮箱：esp@esp.com.cn
天猫网店：经济科学出版社旗舰店
网址：http://jjkxcbs.tmall.com
北京季蜂印刷有限公司印装
710×1000　16 开　8.25 印张　130000 字
2022 年 9 月第 1 版　2022 年 9 月第 1 次印刷
ISBN 978 - 7 - 5218 - 4024 - 7　定价：38.00 元
（图书出现印装问题，本社负责调换。电话：010 - 88191510）
（版权所有　侵权必究　打击盗版　举报热线：010 - 88191661
QQ：2242791300　营销中心电话：010 - 88191537
电子邮箱：dbts@esp.com.cn）

总　序

　　"转型时代的中国财经战略论丛"是山东财经大学与经济科学出版社在"十三五"系列学术著作的基础上，在"十四五"期间继续合作推出的系列学术著作，属于"'十四五'时期国家重点出版物出版专项规划项目"。

　　自2016年起，山东财经大学就开始资助该系列学术著作的出版，至今已走过6个春秋，期间共资助出版了122部学术著作。这些著作的选题绝大部分隶属于经济学和管理学范畴，同时也涉及法学、艺术学、文学、教育学和理学等领域，有力地推动了我校经济学、管理学和其他学科门类的发展，促进了我校科学研究事业的进一步繁荣发展。

　　山东财经大学是财政部、教育部和山东省人民政府共同建设的高校，2011年由原山东经济学院和原山东财政学院合并筹建，2012年正式揭牌成立。学校现有专任教师1690人，其中教授261人、副教授625人。专任教师中具有博士学位的982人，其中入选青年长江学者3人、国家"万人计划"等国家级人才11人、全国五一劳动奖章获得者1人，"泰山学者"工程等省级人才28人，入选教育部教学指导委员会委员8人、全国优秀教师16人、省级教学名师20人。近年来，学校紧紧围绕建设全国一流财经特色名校的战略目标，以稳规模、优结构、提质量、强特色为主线，不断深化改革创新，整体学科实力跻身全国财经高校前列，经管类学科竞争力居省属高校首位。学校现拥有一级学科博士点4个，一级学科硕士点11个，硕士专业学位类别20个，博士后科研流动站1个。在全国第四轮学科评估中，应用经济学、工商管理获B＋，管理科学与工程、公共管理获B－，B＋以上学科数位居省属高校前三甲，学科实力进入全国财经高校前十。2016年以来，学校聚焦内涵式发展，全面实施了科研强校战略，取得了可喜成绩。获批国家级课题项目 241 项，教育部及其他省部级课题项目 390 项，承担各级各类横向课题 445 项；教师共发表高水平学术论文 3700 余篇，出版著作 323 部。同时，新增了山东省重点实验室、山东省重点新型智库、山东省社科理论重点研究基地、山东省协同创新中心、山东省工程技术研究中心、山东省两化融合促进中心等科研平台。学校的发展为教师从事科学研究提供了广阔的平台，创造了更加良好的学术生态。

"十四五"时期是我国由全面建成小康社会向基本实现社会主义现代化迈进的关键时期，也是我校合校以来第二个十年的跃升发展期。今年党的二十大的胜利召开为学校高质量发展指明了新的方向，建校 70 周年暨合并建校 10 周年校庆也为学校内涵式发展注入了新的活力。作为"十四五"时期国家重点出版物出版专项规划项目，"转型时代的中国财经战略论丛"将继续坚持以马克思列宁主义、毛泽东思想、邓小平理论、"三个代表"重要思想、科学发展观、习近平新时代中国特色社会主义思想为指导，结合《中共中央关于制定国民经济和社会发展第十四个五年规划和二〇三五年远景目标的建议》以及党的二十大精神，将国家"十四五"期间重大财经战略作为重点选题，积极开展基础研究和应用研究。

"十四五"时期的"转型时代的中国财经战略论丛"将进一步体现鲜明的时代特征、问题导向和创新意识，着力推出反映我校学术前沿水平、体现相关领域高水准的创新性成果，更好地服务我校一流学科和高水平大学建设，展现我校财经特色名校工程建设成效。通过向广大教师提供进一步的出版资助，鼓励我校广大教师潜心治学，扎实研究，在基础研究上密切跟踪国内外学术发展和学科建设的前沿与动态，着力推进学科体系、学术体系和话语体系建设与创新；在应用研究上立足党和国家事业发展需要，聚焦经济社会发展中的全局性、战略性和前瞻性的重大理论与实践问题，力求提出一些具有现实性、针对性和较强参考价值的思路和对策。

山东财经大学校长

2022 年 10 月 28 日

前　言

　　菲利普斯曲线是研究通货膨胀、失业和产出缺口等宏观经济变量之间关系的重要理论工具。在我国经济体制改革过程中，通货膨胀问题是我国宏观经济所面临的重要问题，而菲利普斯曲线模型是通货膨胀问题的标准分析范式。经过 50 多年的发展，菲利普斯曲线模型已经发展成为一个具有多个理论分支、众多模型的理论体系。现在对菲利普斯曲线的研究主要在新凯恩斯主义经济学框架中展开。

　　本书立足于国内理论研究和实证研究的需要，从经济学说史的视角，对菲利普斯曲线这一重要的理论分析工具进行系统的评述性研究，系统地介绍了菲利普斯曲线的产生、发展过程和现状，重点对新凯恩斯菲利普斯曲线模型进行研究和评价。最后结合发展中国家的实际提出了菲利普斯曲线未来的研究方向。

　　文章的内容安排如下：

　　第 1 章为导论。这部分介绍文章的写作背景和选题意义，综述国内外研究文献，说明文章的逻辑思路和框架结构并指出创新点和研究的不足之处。

　　第 2 章论述传统菲利普斯曲线的演变。传统菲利普斯曲线的发展主要包括三个过程：第一个过程是由费雪（Fisher，1926）的理论、菲利普斯（Phillips，1958）的相互交替理论、利普西（Lipsey，1960）的过度需求模型、萨缪尔森（Samuelson）和索洛（Solow）的理论组成的早期传统模型。第二个过程是以弗里德曼（Friedman）和菲尔普斯（Phelps）为代表的正统货币学派对菲利普斯曲线的修正，即预期扩展的曲线模型。第三个过程是以卢卡斯（Lucas）为代表的理性预期学派（新古典经济学）对菲利普斯曲线的修正，即理性预期的菲利普斯曲线。

第 3 章介绍戈登（Gordon）三角模型的菲利普斯曲线。随着供给冲击在菲利普斯曲线模型中的引入，通货膨胀的决定因素主要有三个：通胀惯性、需求和供给冲击。三角模型的菲利普斯曲线方程具有两种具体形式，即初始形式和现代形式，其分析范式经历了从初始形态到与 TV—NAIRU 融合的过程。此外，本章重点评述了 TV—NAIRU 这个重要概念。

第 4 章主要讨论菲利普斯曲线的新凯恩斯主义分析框架。这部分详细阐述了新凯恩斯主义经济学的理论渊源和分析框架，论述了新凯恩斯主义菲利普斯曲线（NKPC），微观基础并指出了标准 NKPC 模型存在的缺陷和未来的发展方向。

第 5 章具体介绍 NKPC 的主要模型。标准 NKPC 模型的推导可以采取两种方式，第一种方式是通过厂商的最优定价行为推导，第二种方式是通过厂商和家户的最优化行为得出。此外，随着价格设定中后向性行为的引入，标准 NKPC 模型进一步扩展成为混合 NKPC 模型。

第 6 章讨论新凯恩斯黏性信息菲利普斯曲线。在介绍黏性信息理论的基础上，这部分以黏性信息代替黏性价格得出黏性信息基准模型（SIPC），进而将黏性信息和黏性价格两者结合得出双黏性模型（DSPC），并提供了利用美国和欧洲数据对定价行为和通胀持续性进行实证检验的新证据。

第 7 章探讨开放经济下的新凯恩斯菲利普斯曲线。这部分论述了开放经济下菲利普斯曲线的三个微观基础，即价格设定与汇率传导、中间品投入的作用和实际刚性，在此基础上给出一个开放经济下的混合 NKPC 模型。针对亚洲发达国家和发展中国家的实际情况，介绍了开放经济条件下通货膨胀决定因素的分析框架。

最后是结束语。这部分对全书做出总结并对菲利普斯曲线做出总体的评价。同时，立足于发展中国家的实际情况提出菲利普斯曲线发展的几个重要研究方向：微观基础的进一步构建；二元经济结构下的 NKPC；通货膨胀的持续性；隐性失业与通货膨胀。

目 录

第1章 导　　论

1.1　选题背景和意义

通货膨胀、失业和产出缺口等宏观经济变量之间的关系是宏观经济学研究的重要内容，而菲利普斯曲线是研究上述变量之间关系的核心理论工具。改革开放以来，我国经济体制发生了巨大变化，中国经济越来越深地融入世界经济中并发挥了重要作用。在向社会主义市场经济体制转轨过程中，通货膨胀问题一直是我国宏观经济面临的重要问题。自2007年以来，我国频繁出现食品等基本生活消费品价格走高、房价上涨、流动性过剩、石油等能源价格上涨等问题。物价上涨已经严重影响到人们的基本生活，通货膨胀成为有关国计民生的焦点问题并为社会各个阶层所关注。在经济学术界，众多学者运用菲利普斯曲线模型分析和研究通货膨胀，菲利普斯曲线模型是通货膨胀问题的标准分析范式。经过50多年的发展，现在的菲利普斯曲线已经由最初的简单形式发展成为一个具有多个理论分支、众多模型的庞杂理论体系。现在的研究已经较少使用传统的和三角模型的菲利普斯曲线，而是更多地在新凯恩斯主义经济学框架中展开。新凯恩斯主义经济学分析框架下的菲利普斯曲线包括20世纪80年代初期的标准NKPC模型、20世纪90年代的混合NKPC模型以及2000年以后的黏性信息菲利普斯曲线等，而且这些理论正处于不断的发展之中。立足于国内理论研究和实证研究的需要，有必要对菲利普斯曲线这一重要的理论分析工具进行系统的评述性研究。

1.2　研究文献综述

1.2.1　国外研究文献

费雪（Fisher，1926）运用 1915～1925 年美国的月度数据，对失业和通货膨胀之间的关系进行了统计性研究。他强调失业与通货膨胀率有关而非与价格水平有关，认为通货膨胀率的变化导致了失业率的变化。

菲利普斯（Phillips，1958）根据英国历史资料，发现失业和货币工资率两者在统计上存在稳定的负相关关系。利普西（Lipsey，1960）研究了劳动市场的额外需求和失业两者之间的关系。进而得出结论，两者之间存在一种非线性的负相关关系。过度需求理论第一次论证了菲利普斯曲线背后的经济作用机制并为其提供了理论上的支撑。萨缪尔森和索洛（Samuelson and Solow，1960）在加成定价假设条件下，以通货膨胀率代替货币工资率，使菲利普斯曲线成为研究失业和通货膨胀之间交替关系的有力工具。弗里德曼（Friedman，1968a）和菲尔普斯（Phelps，1967，1968）通过引入适应性预期，提出附加预期的菲利普斯曲线，认为应以实际工资变化率而非货币工资变化率来检验菲利普斯曲线，在"自然失业率"假设条件下，只存在短期菲利普斯曲线，不存在长期菲利普斯曲线。卢卡斯（Lucas，1972，1973）认为应该以理性预期代替适应性预期，以避免适应性预期可能产生的系统性错误。进而得出结论，在理性预期假设条件下，失业和通货膨胀的交替关系在短期和长期都不存在。

戈登（Gordon，1977a）将供给冲击引入附加预期的菲利普斯曲线模型。通货膨胀取决于三个因素：通货膨胀惯性、需求和供给冲击，即所谓的"三角模型"，该模型后来成为研究通货膨胀问题的主流分析框架。

由于传统菲利普斯曲线中的适应性预期假设无法克服卢卡斯批判，同时缺乏价格调整的微观基础。新凯恩斯菲利普斯曲线（New Keynesian Phillips curve，NKPC）基于垄断竞争厂商、理性预期和黏性工资及价格的假设，由垄断竞争厂商交错定价行为出发，通过厂商的最优价格设定推导出菲利普斯曲线。早期新凯恩斯菲利普斯曲线包括三个主要模型，即泰勒（Taylor，1980）的交错合同模型、瑞特伯格（Rotemberg，1982）的二次调价成本模型和卡沃（Calvo，1983）的模型，这三个模型都是以交错工资合同为假设，通过厂商的最优定价行为推导出菲利普斯曲线。泰勒（1980）假定名义工资存在黏性，名义工资合同的期限为两期，其交错情形是每期有一半的工资合同要重新决定，即一半在 t 时期的开始时刻决定，另一半在 t − 1 时期的开始时刻决定。瑞特伯格（1982）假设厂商调整价格存在成本，垄断竞争厂商通过确定名义价格实现其利润最大化。卡沃（1983）提出一个价格随机调整模型，假定存在一个外生给定的概率。在每一个时期，每个厂商都按照这个给定的概率进行价格调整，由经济个体最优化行为得出菲利普斯曲线。方程为：$\pi_t = \beta E_t \pi_{t+1} + \lambda mc_t$，$\beta$ 为贴现率，$E_t \pi_{t+1}$ 为根据 t 期信息作出的对 t + 1 期通胀率的预期，$\lambda_t = \dfrac{(1 - \theta)(1 - \beta\theta)}{\theta}$ 为价格调整参数，θ 为每一时期厂商保持价格不变的概率，mc_t 是厂商实际边际成本偏离其稳态水平的百分比。由于 mc 与产出缺口之间存在一定的比例关系，在研究中，可以以产出缺口代替 mc。这三个模型均属于时间依赖定价的前向型模型。克莱里达等（Clarida et al.，1999）认为这三个模型都可以用下式表示：$\pi_t = \alpha_1 y_t + \alpha_2 E_t \pi_{t+1} + \varepsilon_t$，$\alpha_1 > 1$，$0 < \alpha_2 < 1$，y 为产出缺口，$\varepsilon$ 为随机扰动项，这是一个前瞻型的菲利普斯曲线，也是标准的新凯恩斯菲利普斯曲线。

弗若和莫尔（Fuhrer and Moore，1995）提出一个两期工资合同模型，将后向预期纳入其中，该模型假设工人关注相对实际工资，合同根据超额需求进行交错调整，通过建立通胀率和过度需求二者的关系来说明通胀和需求的关系。该方程可表示为：$\pi_t = \dfrac{1}{2}(\pi_{t-1} + E_t \pi_{t+1}) + \delta x_t$，该模型包含前向预期和后向预期，是一种混合菲利普斯曲线。

加利和格特勒（Gali and Gertler，1999）在泰勒（1980）和卡沃（1983）模型基础上，假设厂商定价具有前向预期和后向预期两种方式，推导出一个包含 π_{t+1}、π_{t-1} 和 mc 的混合模型。该模型是混合菲利普斯曲线研究的基准模型，大量的理论研究和经验研究都是以此为核心来进行。加利和格特勒（1999）基于美国 1960 ~ 1997 年的季度数据，运用广义矩（GMM）估计方法，对混合模型进行了实证检验，结果发现前向预期比后向预期更重要（γ_f 分别为 0.68 和 0.59）。加利、格特勒和罗普兹 – 塞勒度（Lopez – Salido, 2002, 2003）则利用欧洲的数据进行了分析检验。帕洛维塔（Paloviita, 2004）采用基于调查的预期进行估计，结果显示后向预期更能解释通货膨胀过程。（γ_b 接近 0.6）。萨博顿（Sbordone, 2002）的估计支持基于边际成本的菲利普斯曲线，同时也说明了后向定价行为在解释通胀动态性方面的重要性。

基于卡沃的价格随机调整模型，曼昆和瑞斯（Mankiw and Reis, 2002）将黏性信息引入模型并提出黏性信息模型。在封闭经济条件下的垄断竞争市场环境中，厂商每期都会根据信息集来最优地调整价格，然而每个厂商所使用的信息集并非都是当期的或更新的，有些信息集是过时的或没有更新的，即信息是有黏性的。瑞斯和曼昆（2001a）用黏性信息菲利普斯曲线模型分析了产出和通货膨胀的关系。

多普尔等（Dupor et al., 2006）将价格黏性和信息黏性结合起来，提出了一个双黏性模型。在每一个时期，只有一定比例的厂商重新设定价格，同时也只有一定比例的厂商更新它们的信息集。双黏性模型为菲利普斯曲线提供了更为坚实的微观基础。

奥拉夫森（Olafsson, 2006）对 NKPC 模型的最新文献进行了综述性研究，分析比较了 NKPC 的微观基础、研究方法和经验估计结果，并讨论了开放经济下 NKPC 模型的适用性。卢卡斯（2011）对菲利普斯曲线 50 多年的发展过程进行了评述性研究，比较分析了菲利普斯曲线各个发展阶段主要理论的特点和区别，对曲线的整个发展过程进行了论述。但是该评述没有涉及新凯恩斯主义经济学框架下的信息黏性模型。

在经验研究的估计方法方面，加利和格特勒（1999）采用了 GMM 方法，林达（Linde, 2005）采用完全信息极大似然估计（FIML），克雷（Kiley, 2005）认为极大似然估计方法（ML）估计的结构参数更有效。瑞巴诺和努比 – 如美瑞（Rabanal and Rubio – Ramirez, 2005）认为贝叶斯估计比 GMM、ML 方法更有优势。

关于估计方法更多的讨论文献可以参见多弗尔等（Dufour et al., 2005），杜普斯（Dupuis, 2004）、弗若（2005）、亨瑞和派格（Henry and Pagan, 2004）、纳森和史密斯（Nason and Smith, 2005）、琼杜和比汉（Jondeau and Bihan, 2005）。

1.2.2　国内研究文献

中国学者对菲利普斯曲线的研究始于 20 世纪 80 年代。栗树和、梁天征和曾湘泉（1988）的研究认为在 1978 年之前，中国的通货膨胀率和失业之间的交替关系是不存在的，而在改革开放之后这种替代关系则显著地存在。

刘树成（1997，1998）的研究认为菲利普斯曲线有三种基本的表达形式：第一种是"失业—工资型"，这是最初形式的菲利普斯曲线；第二种是"失业—物价型"；第三种是"产出—物价型"。对我国劳动需求和劳动供给的研究表明，中国经济实际运行中宏观经济变量之间的关系并不完全符合这三种关系。

庞明川（2004）的研究认为在短期内，菲利普斯曲线有四种具体形式，即负斜率、正斜率、平行和垂直，其中以负斜率的情形居多。在长期内，菲利普斯曲线为周期性的不规则的环形曲线。他进一步阐述了短期和长期菲利普斯曲线之间的关系，即短期曲线的移动构成了长期曲线，这个过渡时间为 9 年左右，而且具有周期性变动的规律。

对于菲利普斯曲线的存在性问题，刘树成（1997）、范从来（2000）、闵正良（2002）等认为中国经济增长率和通货膨胀率之间存在较强的相关性，从而肯定了菲利普斯曲线的存在。而陈学彬（1996）、左大培（1996）等研究结果表明，中国经济的实际情况与发达国家有很大不同，菲利普斯曲线在我国是不存在的。崔建军（2003）研究得出的观点则介于以上两种观点之间，认为中国是否存在菲利普斯曲线尚不可定论。

陈彦斌（2008）在戈登（1996）的三角模型和加利和格特勒（1999）混合模型等新凯恩斯菲利普斯曲线模型基础上，提出了包含需求拉动、成本推动、通胀预期和通胀惯性的四因素新凯恩斯菲利普斯曲线模型，并使用中国数据和最小二乘估计方法对四因素模型进行实证检验。结果表明，在四个影响因素中，通胀预期作用最为显著，随后依次为通胀惯性、需求拉动和成本推动。

曾利飞、徐剑刚、唐国兴（2006）以加利和格特勒（1999）混合模型为基础，采用 GMM 方法估计了开放经济下中国新凯恩斯混合菲利普斯曲线。产出边际成本包括三个构成部分，即劳动力边际成本、资本边际成本和进口中间品边际成本。研究结果显示，产出边际成本是导致通货膨胀的重要因素之一，具有明确的经济意义并呈现出统计上的显著性，在这三个构成部分中，资本边际成本和进口中间品边际成本的影响最为显著。厂商定价行为以前瞻性方式为主导，兼有后顾性。

顾标和王剑锋（2010）在新凯恩斯主义分析框架下，基于1992～2007年期间的季度宏观数据，分别以实际产出与实际单位劳动成本作为"产出缺口"的代理变量，采用 GMM 估计方法从实证层面检验了新凯恩斯菲利普斯曲线在中国的适用性问题。结果表明，中国菲利普斯曲线具有"前瞻性"性质，预期和通胀压力对当期通货膨胀的影响至关重要。厂商的价格平均持续期（价格保持不变）为半年左右，低于美国，更低于欧元经济区，厂商更大程度地遵循"拇指定价规则"①（rule of thumb）。

李振和杨晓光（2007）基于中国1994～2005年的季度宏观数据，采用 VAR 分析方法，对中国新凯恩斯菲利普斯曲线进行了估计和检验。研究结果表明，相对于单位产出劳动力边际成本，产出缺口是实际边际成本更为有效的替代变量；相对于产出缺口，理性预期和通货膨胀惯性对通货膨胀具有更为显著的影响，混合模型可以更有效地解释通货膨胀的动态过程。

耿强、张永杰和朱牡丹（2009）在新凯恩斯混合斯菲利普斯曲线模型中引入人民币名义有效汇率并进行实证检验。结果表明：中国经济增长具有通货膨胀效应；通货膨胀既受预期的影响，具有前瞻性，又受通胀惯性的影响，具有后顾性，且前者居于主导地位；人民币名义有效汇率对通货膨胀率的传递效应微弱且统计上不显著。

杨小军（2011）在新凯恩斯主义菲利普斯曲线模型中引入利率，基于中国1997～2008年的季度宏观数据，采用 GMM 方法对模型进行了实证检验。结果显示，利率作为通货膨胀的驱动因素具有统计上和经济上的显著性；预期和通货膨胀惯性都会对当期通货膨胀产生共同影响，

---

① "拇指定价规则"这个术语源于1692年，经济学含义是指一种广为应用的简单方法，这种方法不是经过科学实验而得出的一种严格精确的方法，而是从以往的经验和实践中总结归纳出来的一种不确切的经验法则或直觉推理。

且预期起主导作用；厂商的定价行为同时具有前瞻性和后顾性，且后顾性居于主导地位。

赖小琼和黄智淋（2011）基于中国 1978～2008 年 31 个省市的动态面板数据，运用 GMM 分析方法，对新凯恩斯菲利普斯曲线在中国的适用性和稳健性进行实证检验。结果显示，新凯恩斯菲利普斯曲线成立且具有稳健性。黎德福（2005）基于我国存在的二元经济结构，实证检验了通货膨胀、经济增长、城镇失业率和劳动力转移速度之间的关系。

刘凤良和张海阳（2004），陈昭和陈健（2007），徐秋慧和李秀玉（2008）介绍性评述了菲利普斯曲线的新进展。王军（2009，2010）对新凯恩斯黏性信息理论研究进行了评述，介绍了黏性信息菲利普斯曲线。李拉亚（2011）对理性疏忽、黏性信息和黏性预期进行了比较研究，该评述性研究阐述了三者的思想渊源、理论框架、假设条件和政策特点以及它们自身的局限性。张成思（2009）研究了菲利普斯曲线的动态机制和货币政策之间的关系，从而阐述了通货膨胀的动态机制特征以及相关的货币政策选择。

1.2.3　小结

根据上面已有的国内外研究文献，可以看出国内对菲利普斯曲线的研究远远落后于发达国家。从 20 世纪 80 年代到 20 世纪 90 年代中后期，国内的研究主要是以传统菲利普斯曲线为基础，利用中国的数据检验该曲线是否存在，以及如果存在，那么该曲线具有哪些具体的表现形式。此外，对于通货膨胀问题的研究主要是基于三因素模型来进行分析。时至今日，对菲利普斯曲线的研究主要是基于新凯恩斯主义的分析框架，对已有的相关模型进行修正并运用国内的数据加以验证，对非加速自然失业率、黏性信息模型、通货膨胀的持续性和菲利普斯曲线的动态机制等重要问题的研究也逐步深入。

现有的研究中，从经济学说史的角度对菲利普斯曲线进行的系统的评述性研究很少。鉴于此，本论文拟从经济学说史的视角系统梳理凯恩斯菲利普斯曲线的产生、演变和现在的最新发展，详细介绍和评价各个发展阶段的代表性模型。

1.3　本书的研究方法

　　研究方法之一：历史分析方法。对菲利普斯曲线的产生、发展过程和现状，按照历史演进的逻辑顺序进行研究，基本上是以时间的先后顺序作为标准。这也是经济学说史研究通常采用的方法。这样可以提炼出菲利普斯曲线理论发展的一个完整的逻辑体系。

　　研究方法之二：归纳比较分析方法。从 1958 年至今，在菲利普斯曲线发展的 60 多年中，菲利普斯曲线理论已经发展成为一个庞杂的理论体系，包括众多的理论分支，每个分支和发展阶段又都包括众多的模型。对各个分支、模型进行归纳比较分析，可以厘清菲利普斯曲线发展的渊源、各个分支和理论的内在联系，从而明确其传承关系和将来研究的发展方向。

1.4　逻辑思路和框架结构

1.4.1　写作的逻辑思路

　　本书以菲利普斯曲线为研究对象，研究的时间从 1958 年至今。在文章的写作上，基本上按照时间的先后顺序论述相关理论，对自然失业率、TV—NAIRU、通胀持续性等重要概念则放在相关章节论述。从写作逻辑思路上，菲利普斯曲线可以分为三个部分：第一部分是传统曲线即第 2 章；第二部分是三角模型即第 3 章；第三部分是新凯恩斯主义框架下的菲利普斯曲线，包括第 4、5、6、7 章。第三部分内容比较庞杂，模型众多，也是现在研究的热门领域。所以本文的重点是第三部分。[①]第一部分是第二、三部分的理论渊源，第二部分和第三部分是两个基本

　　　① 本文以菲利普斯曲线为研究对象，新凯恩斯菲利普斯曲线是三个构成部分中最为重要的内容，也是现在国内外研究的热点，其内容也较前两部分更为复杂，本文主要也是以此为主要内容。鉴于此，本文以"新凯恩斯菲利普斯曲线"为题目。

并行的分支，三部分内容共同构成一个完整的菲利普斯曲线发展体系。

1.4.2　文章的框架结构

第 1 章为导论。

第 2 章论述传统菲利普斯曲线的演变。首先结合菲利普斯曲线发展的脉络图，对其总体发展演变过程进行简单描述，这也是本论文的一个概图。传统菲利普斯曲线的发展主要包括三个过程：第一个过程是费雪（1926）、菲利普斯（1958）的相互交替理论、利普西（1960）的过度需求模型、萨缪尔森和索洛的理论组成的早期传统模型。第二个过程是以弗里德曼和菲尔普斯为代表的正统货币学派对菲利普斯曲线的修正，即预期扩展的曲线模型。第三个过程是以卢卡斯为代表的理性预期学派（新古典经济学）对菲利普斯曲线的修正，即理性预期的菲利普斯曲线。

第 3 章介绍戈登三角模型的菲利普斯曲线。通过在模型中引入供给冲击，菲利普斯曲线模型中通货膨胀的决定因素主要有三个：通胀惯性、需求和供给冲击。三角模型的菲利普斯曲线方程有两种具体形式，即初始形式和现代形式，其分析范式经历了从初始形态到与 TV – NAIRU 融合的过程。此外，本章重点评述了 TV—NAIRU 这个重要概念。

第 4 章主要论述菲利普斯曲线的新凯恩斯主义分析框架。对新凯恩斯主义经济学的理论渊源和分析框架作了论述，进而详细阐述了 NKPC 模型的微观基础和标准 NKPC 模型发展的方向。

第 5 章具体介绍新凯恩斯菲利普斯曲线模型。这部分详细介绍了标准的 NKPC 模型和混合 NKPC 模型并对其进行评价。对于标准 NKPC 模型，本章分别从厂商最优定价行为和经济个体（家户和厂商）最优化行为角度给出了两种推导方法。

第 6 章论述新凯恩斯黏性信息菲利普斯曲线。介绍黏性信息理论，并以此为基础阐述黏性信息基准模型（SIPC）和双黏性模型（DSPC），并介绍利用美国和欧洲数据对定价行为和通胀持续性进行实证检验的新证据。

第 7 章探讨开放经济下的新凯恩斯菲利普斯曲线。就开放经济下菲利普斯曲线的三个微观基础进行阐述，进而给出一个开放经济下的混合 NKPC 模型。在此基础上，引入开放经济条件下通货膨胀决定因素的分析框架。

最后是结束语。这部分对全文做出总结，并提出菲利普斯曲线发展的几个重要研究方向。

1.5　创新与不足

本书的创新之处有两点。第一，从经济学说史的视角，系统地介绍了菲利普斯曲线的产生、发展过程和现状，对菲利普斯曲线发展过程中的有代表性的模型和重要问题做出了详细的说明和简要评价。所以本书在一定程度上是菲利普斯曲线的学说史。第二，本书在考察菲利普斯曲线发展过程的基础上，归纳总结了菲利普斯曲线模型在发展中国家尤其是在中国研究的几个重要发展方向。

由于本书写作时间和本人研究水平的限制，对于菲利普斯曲线的研究存在诸多不足之处。首先，本书对菲利普斯曲线的研究主要着眼于其在工业化国家的发展过程，对于菲利普斯曲线在发展中国家尤其是在中国的发展和应用没有进行系统深入地研究，仅从通货膨胀决定因素、分析框架和将来研究的发展方向方面有所涉及。其次，本书对菲利普斯曲线的研究范围限于对已有主要模型的分析和评价，并考察已有的经验研究情况，书中没有结合我国经济的实际情况建立相关模型并进行实证检验。这些不足之处将是笔者进一步研究的起点。

第 2 章　传统菲利普斯曲线的演变

2.1　菲利普斯曲线发展与演变概述

2.1.1　菲利普斯发展与演变脉络

菲利普斯曲线的发展与演变脉络如图 2 – 1 所示。

2.1.2　菲利普斯曲线的发展与演变脉络

菲利普斯曲线发展和演变以 1975 年为界可以分为两个阶段。之所以这样划分，戈登（2011）认为有两个原因：一是政策无效论在 1975 年出版，这是基于预期误差的经济周期理论终结的开始。二是在 1975 年，美国的通货膨胀和失业率受到了供给冲击的重大影响，这要求对菲利普斯曲线进行修订，将供给冲击因素明确地纳入模型中。

1975 年之前为菲利普斯曲线发展的第一个阶段，称为传统菲利普斯曲线。此阶段始于 1926 年费雪的文章，这篇统计性研究论文得出了通货膨胀率与失业率两者的反方向变化关系。但在因果关系上，他认为是通货膨胀率变化导致失业率水平变化。

菲利普斯（1958）对货币工资价格水平与失业率的关系进行了统计性研究，发现二者呈反方向变化。现在的研究更常将此作为菲利普斯曲线发展的源头。萨缪尔森和索洛（1960）通过引入长期生产增长率，将此关系发展成为通货膨胀与失业之间的关系，并第一次把表示这个变化关系的曲线命名为"菲利普斯曲线",进而发掘了它的政策含义。菲利普斯曲线迅速进入宏观经济学体系并占有重要地位。

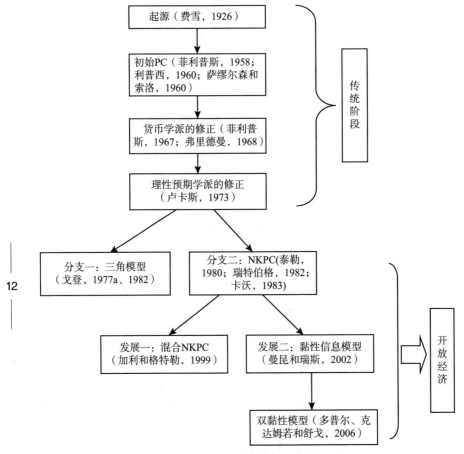

图 2-1 菲利普斯曲线发展脉络

弗里德曼(1968)和菲尔普斯(1967,1968)提出自然失业率假设,并以市场出清和不完全信息假设为前提,发展了附加预期的菲利普斯曲线,指出菲利普斯曲线只是在短期存在,而在长期不存在。

卢卡斯(1972,1973)在市场出清和不完全信息假设基础上引入理性预期假设并得出结论,菲利普斯曲线在短期和长期都是不存在的。

对于1975年之前的菲利普斯曲线的发展和演变,学术界存在广泛一致的观点。在20世纪60年代,菲利普斯曲线是宏观经济学的关键模型，进入 20 世纪 70 年代，通货膨胀和失业这两个变量呈现出正方向变化关系，菲利普斯曲线出现了"表面上毁灭或沉寂"。

在 1975 年以后，菲利普斯曲线的发展情况是比较复杂的。主要存在两个分支或方向，一个是戈登的三角模型，另一个是新凯恩斯主义经济学框架下的菲利普斯曲线。这两个分支或方向的研究是各自独立的，基本不存在共识或观点的交叉。

第一个分支是戈登的三角模型。该理论是针对价格黏性情形下的供给冲击而发展的一种政策反应，其计量模型综合了长期中性的总需求和供给冲击以及后向性惯性，正是基于需求、供给冲击和通胀惰性这三个因素，该模型被称为"三角模型"。这一分支是属于凯恩斯主义的，因为通货膨胀率主要由采用滞后通胀率形式的通货膨胀惯性来决定。

第二个分支是新凯恩斯主义经济学的菲利普斯曲线。该理论强调可以对预期的政策变化做出反应的前向预期的作用。NKPC 模型不包括通胀惯性和任何供给冲击变量，也不包括根据新信息对通货膨胀进行预期的能力和诸如"理性疏忽"等阻碍准确预期信息形成的摩擦性因素。

第一个分支与第二个分支的重要差别在于：过去通货膨胀的作用不再局限于预期的形成，由于固定期限的工资和价格合同的存在，过去通货膨胀会产生纯粹的持续效应，同时还会在原材料价格和最终产品价格之间产生滞后期。当受到需求和供给冲击时，通货膨胀会与其过去的惯性发生偏离。第一个分支理论能够更好地解释战后美国通货膨胀的过程，而第二分支理论则更适合解释恶性通货膨胀的末期和类似于阿根廷等宏观经济环境不稳定国家的通货膨胀行为。

第二分支的 NKPC 模型主要沿两个方向进行：方向一，假设厂商分别采用前向型和后向型定价方式，推导出来的菲利普斯曲线中包含通货膨胀的滞后项，该项可以表明通货膨胀动态性中的持续性，该模型称为混合菲利普斯曲线。方向二，在模型中引入信息黏性，由此推导出黏性信息菲利普斯曲线。进而将黏性价格和黏性信息融合在一起，发展出双黏性模型的菲利普斯曲线。

当考虑开放经济条件时，1975 年以后发展起来的菲利普斯曲线模型都可以得到扩展，即在原有模型基础上引入开放经济的因素和变量，从而得出相应的开放经济条件下的菲利普斯曲线模型。

2.2 传统菲利普斯曲线的演变

2.2.1 早期菲利普斯曲线

2.2.1.1 原始菲利普斯曲线的提出

美国耶鲁大学经济学教授费雪在 1926 年运用 1903～1925 年期间的月度数据，对失业和通货膨胀的关系进行了统计性研究。这篇题为《失业和价格变化的统计性关系》的文章，当时载于《国际劳动评论》杂志，这比菲利普斯 1958 年的研究要早 30 多年，但这篇文章在当时并未引起学术界的关注和重视。该文章于 1973 年被全文重新刊发在《政治经济学杂志》上，才广为人知，这可以看作是菲利普斯曲线的起源。

1958 年，在伦敦经济学院工作的新西兰工程师菲利普斯在《经济学丛刊》杂志上发表《1861～1957 年联合王国货币工资变化率与失业之间的关系》一文，这篇文章根据英国历史统计数据，对 1861～1957 年间英国失业率（U）和货币工资率（$\dot{w}$）之间的关系进行了统计性研究。

研究结果显示，失业率与货币工资变化率是非线性的减函数关系，即失业和货币工资膨胀率之间存在一种反方向变化的稳定关系，就业量增加（失业率减少）时，货币工资率提高。

菲利普斯对 1861～1913 年、1913～1948 年和 1948～1957 年三个期间分别独立地加以考察，发现 1861～1913 年数据的曲线非常适合 1948～1957 年的数据，可由下面方程给出：

$\dot{w} + 0.900 = 9.638U^{-1.394}$

或 $\log(w + 0.900) = 0.984 - 1.394\log U$

其曲线如图 2-2 所示。

这说明工资膨胀和失业之间可能存在一种稳定的长期负相关关系。同时，更为深入细致地研究失业、工资率、价格和产出之间的关系也成为必要。

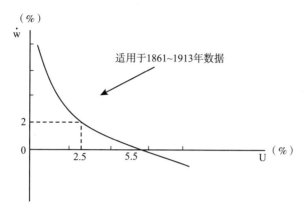

图 2 - 2　失业率与货币变化率关系

　　菲利普斯最初对货币工资率的变化率和失业之间关系进行的是经验性研究，但是在其论文的第一部分，菲利普斯提供了两个变量负相关关系的理论推理的概述。当商品或服务的需求相对高于其供给时，预期价格上升，需求超出部分越大，预期价格上升越快。相反，当需求相对低于其供给时，预期价格下降，需求不足部分越大，预期价格下降越快。将这个原理应用于货币工资率变化的决定，货币工资是劳动服务的价格，当劳动需求升高和失业率降至很低时，雇员要求的工资率快速提高，每个厂商不断试图支付略高于当前水平的工资，以从其他厂商那里吸引最适合的劳动力。另外，当劳动需求和失业率高时，雇员在低于当前工资率水平上，不情愿地提供劳动服务，结果，工资率下降非常缓慢。因此，失业和货币工资率之间存在高度非线性的负相关关系。

　　菲利普斯的经验性研究表明货币工资率变化与失业存在稳定的关系，这个结论与古典经济学的理论是违背的。古典经济学认为劳动力的需求和供给都是随着实际工资的变化而变化；货币工资或名义工资可以随价格总水平的变化而做同方向变化，不会影响实际工资，所以，货币工资率变化与失业率（就业）两者之间不存在稳定的关系。

　　菲利普斯的货币工资膨胀和失业高度相关的观点，为通货膨胀的"需求推动"解释提供了强有力的证据。继菲利普斯的开创性研究之后，对菲利普斯曲线的研究沿循两条路线展开：一是理论研究，探究通货膨胀和失业存在的稳定的关系后面的经济作用机理；二是经验研究，主要是确认在其他市场经济环境中，这种稳定的关系是否普遍存在。

2.2.1.2　利普西的过度需求模型

1960 年，利普西在《经济学丛刊》杂志上发表《1862～1957 年英国货币工资率与失业之间的关系：进一步分析》一文，提出劳动过度需求模型，这第一次为菲利普斯曲线提供了理论支撑。利普西的过度需求模型以两个假设为前提。

假设一：货币工资增加的比率/变化率（$\dot{w}$）和劳动力的额外需求（X_L）线性正相关，即：

$$\dot{w} = \alpha(X_L) = \alpha[(D_L - S_L)/S_L]$$

其中，D_L 表示劳动的需求，S_L 表示劳动的供给，α 表示工资弹性的正相关系数。

假设二：额外需求和失业非线性负相关，即：

$$X_L = \beta(U)$$

其中，X_L 表示额外需求，β 表示可变负参数，$X_L \to 0$ 时，$U = U^*$，且 $U^* > 0$，U^* 为自然失业率。$X_L \to \infty$ 时，$U \to 0$。

综合以上两个假设的关系，利普西为货币工资变化率和失业之间的非线性负相关关系提供了理论上的解释。

货币工资和劳动的额外需求之间的关系如图 2-3 所示。

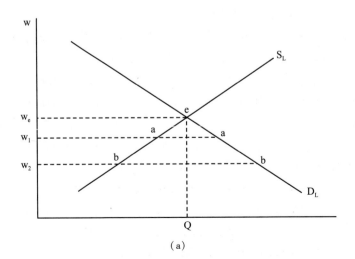

（a）

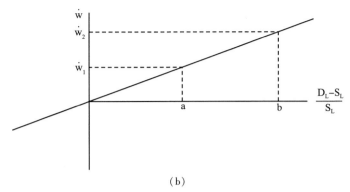

（b）

图 2 - 3　货币工资与劳动额外需求的关系

w_e 是劳动需求 D_L 和劳动供给 S_L 相等时的均衡工资率。当工资率低于 w_e 时，工资会由于劳动力市场上的过度需求而上升，而且对劳动力的额外需求越大，货币工资率增加的比率就越大。如图 2 - 3 （a）所示，货币工资率为 w_1 时，劳动力的额外需求为 aa，由此导致的货币工资率的增加率为 w_1 （图 2 - 3 （b））；货币工资率为 w_2 时，劳动力额外需求为 bb，货币工资率的增加率为 w_2。

额外需求劳动力的额外需求和失业的关系，见图 2 -4。

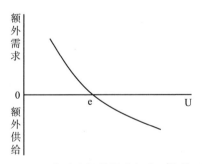

图 2 -4　劳动力额外需求与失业的关系

当劳动力市场出清时，即既不存在额外需求也不存在额外供给时，由于劳动力市场存在摩擦，仍然存在数量为正的失业。利普西认为，尽管随着额外需求的上升，失业将下降，但失业只会逐渐趋向于零。即稳定增长的额外需求总是和失业递减下降同时存在。利普西模型表明，货币工资变化率依赖于劳动力市场的额外需求（或供给）的程度，它可

17

用失业水平来代替。即：

$$\dot{w} = f(U)，\dot{w}' < 0$$

这就是原始利普斯曲线的方程。

利普西的研究进一步肯定了菲利普斯提出的货币工资变化率和失业率之间存在的稳定的负相关关系，第一次给菲利普斯曲线提供了系统的理论支撑。通过说明货币工资率会对通货膨胀率产生反应，将通货膨胀率变量引入菲利普斯曲线，建立了失业率与通货膨胀率两变量之间的关系，使菲利普斯曲线具有更为普遍的意义。

2.2.1.3 萨缪尔森和索洛的改造

萨缪尔森和索洛于 1960 年在《美国经济评论》上发表《反通货膨胀政策分析》一文，提出如果把产品价格超过工资成本的剩余部分看作是大体不变的，即毛利润固定不变，价格变化率就是货币工资变化率的函数，从而也是失业率的函数，即通货膨胀率是失业率的函数。他们把这种函数关系命名为"菲利普斯曲线"，许多学者也把这条曲线称为"菲利普斯—利普西曲线"。

价格增长率（$\dot{P}$）、货币工资变化率（$\dot{w}(U)$）和劳动生产率变化率（π）之间存在如下关系：

$$\dot{P} = \dot{w}(U) - \pi$$

这就是由利普西、萨缪尔森和索洛改造的菲利普斯曲线。由于 $\dot{w}$ 与 U 之间存在一种反方向变化的关系，所以，通货膨胀率（$\dot{P}$）和失业率（U）之间也存在反方向变化的关系。

2.2.1.4 对早期菲利普斯曲线的评述

几乎与菲利普斯同一时期，狄克斯和杜（Dicks and Dow，1959）、克莱因和鲍尔（Klein and Ball，1959）分别独立地发表文章，就失业与通货膨胀关系这一问题进行了相关研究。但是由于三个原因导致这些文章没有引起学术界足够的关注。其一，菲利普斯文章的发表时间比同时期这几篇文章要早几个月。其二，利普西于 1960 年将菲利普斯的文章进行了经典拓展。其三，最为重要的是，只有菲利普斯画出了后来以其名字命名的著名的菲利普斯曲线。

菲利普斯做出的理论上的重要发现主要有三个：第一，失业率和名义工资变化率之间的负相关性是"高度非线性的"。原因在于工资存在向下的刚性，即当劳动市场上需求降低或失业率升高时，雇员不愿意在低于现行的工资水平上提供劳动。第二，工资变化率可能不只是依赖于失业水平，更重要的是失业的变化率。因此，"变化率"效应在美国战后模型和大萧条的解释中具有重要作用。菲利普斯揭示的第三，工资变化率和零售通货膨胀率（通过生活成本的调整发挥作用）之间的关系。菲利普斯假设了这样一种情形，成本因素方面的4/5 由工资率代表，1/5 由进口价格代表，标准化的工资率和进口价格应该以相同速度上升。只有当进口价格以产出增长率五倍的速度上升时，零售品价格才会影响工资率。实际上，菲利普斯已经考虑到需求冲击（失业水平和变化）和供给冲击（相对于最终产品价格的进口价格变化率）两者在决定工资和价格的变化中都是重要的，但是直到20 世纪 70 年代后期，供给冲击的作用才由戈登引入菲利普斯曲线的分析框架。

　　1861～1913 年的菲利普斯曲线显然是稳定的，然而在长期中，该曲线在何种经济环境中会上移或下移？菲利普斯没有对这一点做出推测。同时，菲利普斯根本没有提及菲利普斯曲线的政策含义，正式将这种关系命名为"菲利普斯曲线"并发掘其政策含义的是萨缪尔森和索洛。所以在早期关于菲利普斯曲线的文献中，萨缪尔森和索洛的文章为学术界所广泛地讨论。正是由于萨缪尔森和索洛 1960 年的贡献，"菲利普斯曲线"一词几乎立即进入宏观经济学语言体系，菲利普斯曲线模型也很快成为宏观计量模型的一个关键组成部分，而大规模宏观计量经济模型正是 20 世纪 60 年代宏观经济研究的中心和焦点。

　　萨缪尔森和索洛也对菲利普斯的假定及其识别的困难性提出批评。关于菲利普斯曲线的证据方面，萨缪尔森和索洛认为缺少对美国数据进行相似的研究，进而从美国数据的散点图中抽取部分观察值进行研究。结果显示，在 20 世纪 30 年代和二战期间，这种关系不存在。在二战之前，暗含的零通货膨胀的失业率约为 3%，近似于菲利普斯的 2.5% 的估计值。从战前到 20 世纪 50 年代期间，该关系曲线有一个明显的上移，零通胀的失业率由 50 年代的 3% 上升到 5%～6%。战后曲线上移主要由于两个方面原因：一是美国的工会组织比英国工会组织更缺乏"责任性"，并非期望实现长期的充分就业。二是美国的劳动合同与英国的劳动合同存在差异，由此导致美国的劳动市场更缺乏弹性。而一国劳动市场越富有弹性，菲利普斯曲线向下移动的趋势就越强。

萨缪尔森和索洛认为由于在长期中菲利普斯曲线的关系可能发生变动，他们正确地提出，政策制定者不能以长期中的通货膨胀—失业的替代关系为依据进行政策选择。

2.2.2 预期①扩展的菲利普斯曲线——正统货币学派的修正

2.2.2.1 自然率革命

从 20 世纪 60 年代初期到中期，菲利普斯曲线的发展与应用主要体现在三个方面：其一，菲利普斯曲线表明的变量之间的替代关系为政策制定者提供了一个政策组合选择的菜单。肯尼迪和约翰逊政府的政策顾问认为之前的政策选择组合点过于向曲线的右下方偏离，建议削减联邦所得税使得政策组合点向曲线左上方移动。其二，随着电子计算机的迅速发展，对大规模的经济计量模型的估计第一次得以实现。在这些模型中，对通货膨胀过程的描述通常至少包括两个方程，菲利普斯曲线具体表达为一个求解名义工资变化率的方程，方程中主要的解释变量是失业率，有时是失业变化率、基于一个后向型滞后集合的通货膨胀预期、税率变化等。其三，这个时期一个次要的特征是芝加哥大学和麻省理工学院在经济学上的对抗，尤其体现在弗里德曼和莫迪里亚尼（Modigliani）之间，两人就"只有货币政策是重要的"还是"只有财政政策是重要

---

① 现代西方经济学中所使用的预期主要有两种：适应性预期（adaptive expectation）和理性预期（rational expectation）。适应性预期是指运用所研究的经济变量过去的信息来预期未来的情况，经过反复检验和不断修订，使预期逐渐与客观情况相符合，是一种试错预期。而理性预期是指经济个体根据预先充分掌握的可以利用的所有信息而对经济变量做出的预期。这种预期是参照历史提供的所有知识并对这种知识加以最有效的利用，而且经过严密的思考后才做出的，但理性预期并不一定是完全预见。现在广为使用的是理性预期。

理性预期并非只有理性预期学派才持有和应用，现代西方经济学的很多流派都采用了理性预期假设，这使得各个流派之间的界限并非那么明显。或者说，试图从理性预期的角度区分各个经济学流派是不太现实的。

的"这一问题展开争论，1965 年的《美国经济评论》杂志中有超过一百页的内容涉及两人就此问题的争论。后来基于 IS – LM 模型得出一致性的观点，在不考虑某些极端情况的条件下，货币政策和财政政策两者都是重要的。

　　20 世纪 60 年代，菲利普斯曲线是西方国家宏观经济政策分析的基石，政府以其作为依据选择不同的通货膨胀和失业率的组合。但是，进入 20 世纪 70 年代，主要发达国家通货膨胀与失业的这种替代关系消失了，两个变量之间的关系变得异常复杂。

　　弗里德曼（1968）和菲尔普斯（1967，1968）在通货膨胀和失业之间是否存在稳定关系的问题上，都认为两者之间不存在长期的（永久的）交替关系。弗里德曼于 1967 年在其美国经济协会会长就职演说中提出了对宏观经济学发展产生重大影响的观点。在 1968 年，该演讲以《货币政策的作用》为题刊发在《美国经济评论》杂志上。罗伯特·戈登（1981）将这篇文章描述为可能是之前 20 年最具有影响的文章。托宾（Tobin，1995）认为该论文是"迄今在经济学期刊上发表的最有影响力的文章"。布劳格（Blaug，1997）和斯达斯基（Skidelsky，1996a）认为它是"战后出版的有关宏观经济学的最有影响力的论文"。

　　弗里德曼认为菲利普斯对失业和工资变化关系的分析存在一个根本缺陷——没有区分名义工资和实际工资。厂商和雇员关注的是实际工资，而非货币工资，所以将货币工资变化率和失业联系起来的最初的菲利普斯曲线是错误的，应该根据实际工资变化率来建立菲利普斯曲线。而影响预期实际工资变化率的变量是整个合同期内预期存在通货膨胀率，基于此，弗里德曼将预期的通货膨胀率作为决定货币工资变化率的附加变量引入菲利普斯曲线，推出预期扩展的菲利普斯曲线。可以用下面的方程表示：

$$w = f(U) + P^e$$

　　即货币工资增长率等于由过度需求（以失业水平表示）状态决定的一个分量加预期通货膨胀率。

　　通过引入预期通货膨胀率作为过度需求的附加变量，由其决定货币工资的变化率，这样对应于不同的预期通货膨胀存在不同的菲利普斯曲线（见图 2 – 5）。

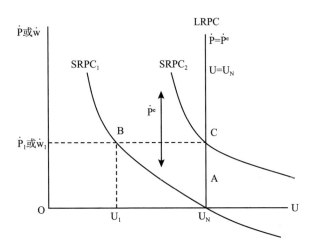

图 2 – 5　不同预期通胀下的菲利普斯曲线

$SRPC_1$ 和 $SRPC_2$ 表示两条不同预期通货膨胀率的短期菲利普斯曲线，假定经济的初始状态位于 $SRPC_1$ 上的 A 点，此时，货币工资变化率为 0，失业率 U_N 处于自然率水平上，经济处于一种均衡状态。假定生产增长率为零，这样，当货币工资的增长率为零时，价格水平将持续不变，公众的预期通货膨胀率为零，即 $\dot{w} = \dot{P} = \dot{P}^e = 0$。

现在，政府为降低失业率水平，实施扩张性货币政策以扩大总需求，失业率 U_N 降至 U_1。商品市场和劳动力市场的过度需求导致了价格和货币工资的向上压力。由于商品价格变化要快于货币工资的调整，而且最近一期的价格稳定（$\dot{P} = 0$），雇员会认为货币工资的增加是实际工资的增加，并提供更多的劳动，即经历短暂的货币幻觉。此时，由于实际工资的下降，厂商会增加对劳动力的需求，于是失业率 U_N 由 A 点沿 $SRPC_1$ 下降到 U_1。

但是，雇员会逐渐根据实际经历的通货膨胀率调整其通货膨胀预期，并认识到随着货币工资的增加，其实际工资下降了，进而要求增加工资。此时厂商会解雇一部分雇员，失业率上升，使得 $SRPC_1$ 向上移动到 $SRPC_2$ 位置，失业率由 B 点移动到 C 点。实际工资恢复到初始水平，失业恢复到自然率水平。

由上面过程可以看出，如果没有货币幻觉，即 $\dot{w} = \dot{P}^e$ 时，实际的通货膨胀率将完全得到预期，$\dot{P} = \dot{P}^e$，失业和工资膨胀之间长期的交替关系不存在。连接 A 和 C 这样的点，便可以得到在自然失业率 U_N 处的一条垂直的长期菲利普斯曲线（LPC）。在 U_N 处，货币工资变化率等于通货膨胀率，这样实际工资不变，结果是在劳动市场上没有扰动。在自然失业率水平上，劳动市场处于均衡状态，即通货膨胀率等于预期通货膨胀率，通货膨胀是被完全预期的。菲尔普斯等把图中的一组菲利普斯曲线称作"附加预期的菲利普斯曲线"，西方学者也将附加预期的菲利普斯曲线称作"菲尔普斯—弗里德曼曲线"。

垂直的菲利普斯曲线有三个前提条件，即自然失业率假说、适应性预期假说和货币幻觉在长期不存在。对预期扩展的菲利普斯曲线的研究采用的方程如下：

$$\dot{w} = f(U) + \beta \dot{P}^e, \ f' < 0, \ 0 \leqslant \beta \leqslant 1$$

$f' < 0$，表明失业与货币工资变化率两者负相关；β 表示价格预期（通货膨胀预期）的变化对货币工资变化的影响程度。

由于：$\dot{P} = \dot{w} - \pi$

$$\dot{P} = f(U) - \pi + \beta \dot{P}^e$$

假定 $\pi = 0$，则有

$$\dot{P} = f(U) + \beta \dot{P}^e$$

考虑失业率处于自然率水平上时的均衡状态，此时，$\dot{P} = \dot{P}^e$，见图 2 - 6。

$$\dot{P}(1 - \beta) = f(U)$$
$$\dot{P} = f(U)/(1 - \beta)$$

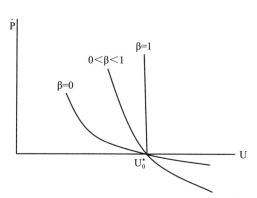

图 2 - 6　自然率水平下的菲利普斯曲线

23

当 β = 0 时，就是利普西—萨缪尔森型的菲利普斯曲线，通货膨胀和失业在短期和长期都存在稳定的交替关系。

当 β = 1 时，预期的通货膨胀率将会按照相同的比例反映在货币工资的变化中，菲利普斯曲线是垂直的。通货膨胀和失业不存在长期的稳定交替关系。

当 0 ≤ β ≤ 1 时，存在长期的交替关系，但这种交替关系在短期内是不利的。此时曲线较为陡峭，这种情况下，要以更高的通货膨胀率才能换取较小的失业率的降低，即降低失业率的通货膨胀代价很高。

在 1976 年，弗里德曼在其诺贝尔奖的受奖仪式上发表题为《通货膨胀与失业》的演说，把菲利普斯曲线所描述的通货膨胀和失业之间的关系划分为三个阶段，即斜率为负阶段、垂直阶段和斜率为正阶段，从而系统地阐明了关于菲利普斯曲线的观点。

2.2.2.2 简要评论

在弗里德曼（1968）和菲尔普斯（1967）的文章发表之前，许多对菲利普斯曲线的理论上的疑问就已经出现。如为什么名义工资调整缓慢？尤其是向下调整，调整速度是由什么因素决定的？为什么在一个低的失业率水平上，名义工资上升较快，而维持零通货膨胀率要求一个如此高的失业率水平？在一个较长的历史时期中，自由的货币政策和财政政策会引发许多恶性的通货膨胀，菲利普斯曲线又是如何能够保持其稳定性呢？

弗里德曼的演讲主要包括两个部分，每部分都具有独立的主要观点，但是两个观点又紧密相关。观点一，如果名义利率意味着较快的通货膨胀，中央银行不能控制名义利率，因为实际利率的降低会加速通货膨胀。观点二，在长期中，政策制定者没有能力选择除自然失业率之外的其他任何失业率水平。自然失业率水平是由劳动和产品市场的微观经济结构决定的。一个更为实际的解释是自然失业率是包含准确通胀预期的失业率，是一个稳定的失业率。

第一，自然失业率①概念的提出。

自然失业率概念的提出是宏观经济学理论上的一个重要进展。失业是一种没有工作而寻找工作的状态，后来的研究发现对经济中所有的工作搜寻活动进行恰当地测度是非常困难的。由于存在市场摩擦和结构性变化，失业总是存在的。这意味着即使经济实现了一般均衡，失业仍然存在。经济均衡情况下的失业率通常称作自然失业率，自然失业率是由一些实际的经济变量决定的，如市场摩擦、实际收入、税率和失业救济等。假设市场存在唯一的均衡点，则任何一组实际的经济变量都会决定一个唯一的市场均衡状态，从而决定一个唯一的自然失业率。当这组变量发生变动时，自然率水平也会随之变动。自然率水平不是固定的一个常数。虽然自然失业率是一个市场过程的结果，但它不是最优化过程的结果。首先，市场扭曲因素如税收、规制和失业计划等大量存在；其次，即使不考虑这些市场扭曲因素，还存在人力成本和失业的外部性问题。所以通过微观政策来改变自然失业率可能是较为理想的。自然失业率的思想根源在于它是一个由其他实际变量决定的实际现象，纯粹的名义变量如通货膨胀预期，不能改变自然失业率。自然失业率对于菲利普斯曲线的含义是非常显著的，即通货膨胀和失业之间不存在长期的交替关系。

第二，预期因素的引入。

基于政策交替的传统菲利普斯曲线的分析框架忽视了预期的调整。在长期中，人们会不断调整其预期，使失业率位于自然率水平上。预期在政策交替选择中具有重要作用。弗里德曼附加预期的菲利普斯曲线正确解释和预测了 20 世纪 60 年代的通货膨胀和失业率之间的关系。肯尼迪·约翰逊政府的包括削减税收和越战支出的财政扩张政策，伴随着货

---

① 弗里德曼（1968）将自然失业率定义为：可以通过瓦尔拉斯一般均衡方程组计算出来，只要在这些方程中嵌入劳动市场和商品市场的实际结构性特征，包括市场的不完全性、需求和供给相机变动、获得工作空缺和劳动可能性的信息的成本、劳动力流动性的成本等。在讨论失业和通货膨胀问题时，经济学家往往使用"非加速通货膨胀的失业率"（Non‑Accelerating Inflation Rate of Unemployment，NAIRU）。这个术语最早由莫迪利亚尼和帕帕季莫斯（1975）以"非通货膨胀失业率"（NIRU）为名引进。

对于自然失业率学说存在争议，大多数经济学家接受该学说并认为它是理解宏观经济政策所必需的。然而阿雷蒂斯和索耶（1997）、索洛（1998）、阿克洛夫（2002）等认为自然失业率学说并不是那么有用。

币政策的调节，使失业率从 5.5% 降低到 3.5%。正如弗里德曼的"愚弄"模型所预期的那样，1963～1969 年期间的通货膨胀率逐年增加。模型假定厂商总是能够准确地预期价格水平，但是雇员对实际价格水平的预期存在滞后性，当实际价格升高一段时间后才会做出反应。

菲尔普斯是自然失业率假设的共同发现者。弗里德曼认为"聪明"的厂商和"愚笨"的雇员在预期上存在明显的差别，而菲尔普斯则认为厂商和雇员一样都是"愚笨"的，两者都只看到自己行业和产品价格水平的上升，意识不到其他行业和产品价格的总水平也已经上升。在菲尔普斯的模型中，雇员不知道有关其他行业和经济总体情况的信息，由于雇员会追寻更高的工资而更换工作，所以存在摩擦性失业，但是当他们所在的厂商提高工资水平时，他们会选择不更换厂商。这样，即使经济中的其他所有厂商都同时把工资提高相同的数量，由于雇员不知道这些信息，失业率还是会下降。从而雇员被"愚弄"，不再更换工作，经济的整体失业率水平降低。于是，只要存在预期错误（即短期内），工资变化率和失业率之间就存在交替关系。

批评者对这一点持反对意见，他们认为弗里德曼和菲尔普斯的模型总体上是不可信的。因为人们每个月都会看到 CPI 的月度公报并且几乎每天都要去购买消费品，这样可以知道商品的实际价格。更为重要的是，如果一般价格水平的提高总是伴随着高的实际 GDP 和低的失业水平，厂商和雇员会了解以前各期的信息并利用他们的经验正确地形成预期。

第三，初始形式通胀动态模型的建立。

弗里德曼和菲尔普斯为代表的"附加预期的菲利普斯曲线"是传统的短期通货膨胀动态理论的初始形式，该模型从宏观视角诠释了短期通货膨胀的动态决定机制。直到现在，关于经济增长、通货膨胀预期、通货膨胀动态机制模型包括强调理性预期的 NKPC 模型都延续着菲尔普斯的经济思想。

以弗里德曼和菲尔普斯为代表的传统通货膨胀动态机制理论主要用于分析失业率与通货膨胀率之间的长、短期关系，主要强调实际通货膨胀与预期通货膨胀率之间的差异与失业水平之间的关系。模型中的通货膨胀预期不是基于动态一般均衡模型的最优化过程推导出来的，这里的预期并不代表理性预期。从短期来看，模型中的动态机制完全表现在通货膨胀预期上，弗里德曼和菲尔普斯采用适应性预期的方法来处理通货膨胀预期，即利用滞后的通货膨胀信息来拟合出通货膨胀预期的时间序列。

2.2.3 理性预期的菲利普斯曲线——理性预期学派（新古典经济学）的修正

2.2.3.1 卢卡斯的意外总供给方程

新古典学派作为一个独立的流派形成于 20 世纪 70 年代，宏观经济学新古典学派的核心人物卢卡斯将理性预期假设（Muth，1961）引入宏观经济学。早期宏观经济学新古典方法基于三个主要假设：（1）理性预期假设；（2）持续市场出清假设；（3）卢卡斯的意外总供给假设。新古典分析方法强调用新古典选择理论的微观基础来巩固宏观经济学理论，即根据最大化原则，从微观层次入手来研究宏观经济问题。这也是著名的"卢卡斯批评"为宏观经济研究提供的一种新思路。

卢卡斯的意外总供给方程被视为一种预期扩展的菲利普斯曲线，其总供给函数建立在理性预期假设之上，是根据劳动和商品的供给对个体行为人进行的分析而得出的。其方程如下：

$$Y_t = Y_{N_t} + \alpha [P_t - P_t^e],\ \alpha > 0$$

由于存在理性预期，有：

$$P_t^e = E [P_t | \Omega_{t-1}]$$

则有：

$$Y_t = Y_{N_t} + \alpha [P_t - E [P_t | \Omega_{t-1}]]$$

$P - E [P_t | \Omega_{t-1}]$ 是实际价格水平对其理性的期望值的偏离，是一种没有预期的（意外）价格水平的上升。Y_{N_t} 是自然率水平的产出。上式表明经济个体产出对意外价格水平上升的反应。

卢卡斯的意外供给函数的另一种形式是：

$$Y_t = Y_{N_t} + \alpha [P_t - E [P_t | \Omega_{t-1}]] + \varepsilon_t \qquad (2-1)$$

式（2-1）表示作为对实际通货膨胀对预期通货膨胀的偏差（通货膨胀预期的误差）的回应，产出偏离其自然水平，ε_t 为随机误差项。

进一步，引入滞后产出项 $(Y_{t-1} - Y_{N_{t-1}})$，得到：

$$Y_t = Y_{N_t} + \alpha [P_t - E [P_t | \Omega_{t-1}]] + \beta (Y_{t-1} - Y_{N_{t-1}}) + \varepsilon_t \qquad (2-2)$$

由奥肯定律（Okun，1962）知，在失业和 GDP 之间存在着一个稳定的并且可预测的负相关关系，可得：

$$P_t = E[P_t|\Omega_{t-1}] + \varphi(U_t - U_{N_t}), \quad \varphi > 0 \qquad (2-3)$$

整理得：

$$U_t = U_{N_t} - 1/\varphi[P_t - E(P_t|\Omega_{t-1})] \qquad (2-4)$$

式（2-4）表明，通货膨胀的意外导致了失业对其自然率水平的偏离。卢卡斯的意外供给曲线将理性预期概念纳入菲利普斯曲线，所以该曲线也是"附加预期的菲利普斯曲线"，与弗里德曼和菲尔普斯不同，这里的预期是理性预期而非适应性预期。

卢卡斯在 1975 年发表《均衡的经济周期模型》一文，认为产出和通货膨胀之间的替代关系存在的前提是货币变化和价格变化不能被公众预期到。由于存在理性预期，即完全预见到的货币政策变化甚至在短期对产出和就业的影响也是无效的，这就是货币超中性。进而，认为在长期和短期都不存在与失业和通货膨胀相关的稳定的菲利普斯曲线。

2.2.3.2 简要评论

弗里德曼和菲尔普斯的模型包括连续的市场出清和不完全信息两个假设，使用适应性预期的方法。卢卡斯（1972，1973）将理性预期引入模型，以理性预期代替适应性预期。理性预期与适应性预期有明显的区别，它是指人们预先充分掌握了可以利用的所有信息做出的预测。之所以"理性"，是因为该预期的做出参照了历史提供的所有知识，并对这些知识加以最有效的利用和经过周密的思考过程。理性预期意味着错误的预期错误不会被重复。

卢卡斯模型中的厂商和雇员不再有差别，所有经济体被假设为"自耕农"（Yeoman）。在经济中，"自耕农"面临两方面的冲击：一是对与其相关价格的特殊冲击；二是货币增长波动和其他因素导致的宏观经济方面的冲击。经济个体利用理性预期推导出局部的价格变化中，有多大程度来自特殊冲击，多大程度来自宏观冲击。卢卡斯利用该模型解释了宏观经济不稳定的阿根廷的菲利普斯曲线为何要比宏观经济稳定的美国要陡峭。

基于理性预期，卢卡斯认为预期到的货币政策不能规律化地或可预测地改变实际 GDP，即所谓的"政策无效命题"。与弗里德曼和菲尔普斯相同，卢卡斯的方法意味着产出对自然率水平的偏离要求有一个价格的意外变化，所以中央银行不能通过实施一个可预测的货币政策的变化来改变产出，只能通过创造一个意外的价格变化。

到 20 世纪 70 年代末期，卢卡斯的方法受到广泛地批评。问题不在于理性预期的引入，而是在于来自弗里德曼和菲尔普斯的两个内在的假设，即连续的市场出清和不完全信息。当前价格水平对预期价格水平的偏离是实际 GDP 周期性变化的唯一来源。这样尽管弗里德曼、菲尔普斯和卢卡斯的方法具有广泛的吸引力，然而它却不能形成完备的经济周期理论。卢卡斯意外供给曲线的微观基础是高度抽象的和不切实际的——例如在"孤岛经济"模型中，人们必须依据他们自己孤岛的价格水平来推断整个经济体系的利率或证券的价值。甚至卢卡斯本人后来也承认，"货币冲击只是没有那么重要。我不得不得出那样的观点，毫无疑问，那是我观点的一个退化"。

2.3　对传统菲利普斯曲线的经验研究

工资变化率或通货膨胀率与失业率之间存在负相关关系，具有重要的和明确的政策含义。如果菲利普斯曲线确实存在，那么通货膨胀和失业之间就存在明确的交替关系。政策制定者就面临着位于菲利普斯曲线上的一系列不同的通货膨胀和失业的组合，当政策制定者具有明确的社会福利函数时，就可以在菲利普斯曲线上找到一个最优的组合点，这个组合点上的失业和通货膨胀水平能够最大化社会福利水平。

既然菲利普斯曲线具有重要的政策含义，那么准确地解释和估计该曲线就非常重要。这也就促使大量经济学家对该曲线进行深入的经验研究。早期的经验研究主要是以美国和英国失业和通货膨胀的时间序列数据为对象，其次包括澳大利亚、加拿大、意大利、日本和德国（西德）。此外，也有一些分区域的研究，如针对一个地区、都市区或工业区的检验。

2.3.1　解释变量

总的来看，经验研究的主要问题是在解释工资水平时解释变量的选择。早期的经验研究主要涉及的变量包括：失业率、价格变化、生产率、利润和工会的力量等。

2.3.1.1　失业率

在早期的经验研究中，几乎所有人都在工资方程中使用失业率变量，并把其作为过度需求的一个指标。当然，这些方程在形式上和失业的测度上存在不同和分歧。通货膨胀和失业之间存在非线性关系，这在理论上具有一致性。但在经验研究中，非线性关系的具体形式是多样的，有些使用通货膨胀率的相反数，有些使用对数形式等。

2.3.1.2　价格变化

大多数学者在经验研究中都把价格变化作为解释变量，并且发现这样做是有意义的，然而对方程中纳入价格变化因素的原因未作说明。引入价格变化主要是基于三个原因：第一，它提高了失业率作为代表过度需求的指数的有效性。第二，如果以名义工资为准，将会得出错误的菲利普斯曲线。因为厂商和雇员是以实际工资为依据来交易，所以要引入价格变化来调整名义量。第三，如果价格变化被预期到了，那么预期的价格变化率应该引入方程。如果以实际通货膨胀率作为预期通货膨胀的指数，把实际通货膨胀纳入工资方程就是理所应当的。在这种情况下，即使过度需求为零，名义工资也可以发生变化。

2.3.1.3　生产率

生产率有时作为一个解释变量来使用。韦德卡普（Vanderkamp，1972）研究发现生产率作为解释变量是有意义的，弗朗斯（France，1962）则发现是没有意义的，而库（Kuh，1967）的研究则得到一种混合的结果。当价格变化时，生产率的使用必须要谨慎。

韦德卡普认为由于存在劳动贮藏和厂商缓慢的均衡调整，生产率和失业结合在一起可以更有效地表示过度需求。此外，即使在均衡状态，工资也是在增加的，其增长速度与技术进步带来的生产率的增长速度相同。

2.3.1.4　利润

在许多经验研究中，利润被用作解释变量。大约一半的研究结果表明利润作为解释变量是有意义的。一般来讲，利润越高，工会组织就会越激进而厂商会越放松，即工资趋于上升。同时，由于利润取决于供给和需求，所以当使用失业变量时，就不需要再使用利润变量。

关于经验研究中利润的测度，没有一个统一的标准，包括利润水平、利润变化率、美元利润、税前利润、税后利润等。

2.3.1.5　工会的力量

一般来讲，工会力量的增强和激进会提高工资率。实际上，当某些部门的工会组织力量增强时，这些部门的工资水平会提高。然而，这样会导致失业水平降低，大量雇员进入无工会组织或工会组织力量弱的部门寻找工作，使得这些部门工资降低。所以，总的工资水平变化是不明确的。

2.3.2　被解释变量的测度

作为被解释变量的工资变化率其测度方法有多种，如平均小时工资、直接小时工资、标准劳动率工资和平均周工资和薪水等，然而这些变量的变化率不一定能很好地反映通货膨胀的压力。例如，在直接小时工资保持不变的情况下，平均小时工资在长期中可能增加。有些学者指出，应该把奖金和非工资收入也考虑进去以更好地反映通货膨胀。

此外，工资序列的构成也增加了测度的不稳定性。在 20 世纪 60 年代的经验研究中使用的工资序列并不能反映经济中工资的实际结构。早期的工资序列应该既能反映实际工资率的变化，又能反映劳动力的行业构成或高收入和低收入行业产出的波动。

2.3.3　估计方法

估计方法的选择直接影响估计结果。阿森弗特、约翰逊和培卡韦（Johnson and Pencave，1972）对同一个模型分别采用两阶段最小二乘法、三阶段最小二乘法、主成分两阶段最小二乘法、有限信息极大似然估计法等，方程中几个变量参数的大小和意义随估计方法的不同而发生变化。每种估计方法都有其优缺点，不可能确定一种具有绝对优势的估价方法。估计方法选择的高度敏感性降低了菲利普斯曲线经验研究结果的可信性。早期文献中的滞后估计通常是低效的，只有极少几个学者如巴蒂亚（Bhatia，1962）、阿奇伯德（Archibald，1969）使用滞后估计，由于一般不采用极大似然研究或先验约束，所得到的结果可信度不高。

第3章 三角模型的菲利普斯曲线

进入 20 世纪 70 年代，弗里德曼、菲尔普斯、卢卡斯的菲利普斯曲线模型逐步没落和消亡。第一，一个经济周期往往历经多年，而经济个体在获取一般价格水平的信息时，往往采用一个月的滞后期。这两者存在矛盾，传统菲利普斯曲线模型无法将两者协调起来。第二，政策无效论在经验模型上的尝试是失败的。虽然传统模型能够在理论上有效地说明产出和价格行为，但是经验模型却没有能力对产出和价格行为做出相对应的合理解释。巴罗（Barro，1999）的研究显示，产出与预期的货币政策变化无关。由此结论可以推知，价格变化会对预期的名义扰动做出充分而迅速的反应，但是在经验上却无法证明这一点。传统理论要求价格具有充分弹性，而美国通货膨胀过程中的通胀惯性[①]（inflation inertia）是非常显著的，这两者存在矛盾。经验研究的失败恰好是这个根本矛盾的体现。

到 1975 年以后，菲利普斯曲线模型又迎来了新生，卢卡斯和弗里德曼的自然失业率假设与包含供给冲击的宏观经济外部性的戈登 – 菲尔普斯模型相结合而形成"三角模型"。三角模型的菲利普斯曲线是在 20 世纪 70 年代后半期，随着供给冲击理论的发展和菲利普斯曲线的复兴而建立起来的。三角模型主要从通货膨胀惯性、需求和供给冲击三个方面来说明通货膨胀。戈登于 1976 年 10 月在向 AEA 会议提交的论文中第一次提出三角模型的基本方程，而三角模型的图表形式源于 1975 年芝加哥商业学校使用的由多恩布什（Dornbsch）编写的课堂讲义，教科书则于 1978 年出版。这两个版本的三角模型都是将一条菲利普斯曲线、长期中性、一个名义 GDP 等式和供给冲击的作用融合在一起。三角模

---

① 也译作"通货膨胀惰性"。在本文中，该术语与"通货膨胀持续性"或"通货膨胀持久性"（inflation persistence）在同等意义上应用。

型的计量经济学形式是在20世纪70年代提出的，主要是在1981~1987年用于实证检验。

三角模型是一种动态的通货膨胀模型，它成功地解释了美国20世纪80年代到90年代早期的通货膨胀的变化，模型中的NAIRU被戈登主观化地设定为一个常数6%。随着对1994~1995年通胀的错误预期的出现，斯塔格、斯道克和沃德森（Staiger, Stock and Watson, 1997, 2001）和戈登（1997, 1998）将时变非加速通货膨胀失业率（TV‐NAIRU, Time Varying Non‐Accelerating Inflation Rate of Unemployment）引入模型，即允许NAIRU（非加速通货膨胀失业率）在长期内变化。

3.1 供给冲击理论的发展

作为解释通货膨胀和失业负相关关系的菲利普斯曲线在20世纪60年代盛行。最初，菲利普斯曲线表明通货膨胀和失业两者存在长期稳定的负向替代关系，后来，自然失业率的菲利普斯曲线表明两者只存在短期的负向替代关系。经济个体在长期中会不断调整预期，通货膨胀和失业的这种负方向替代关系不存在。然而，几乎从进入70年代开始，菲利普斯曲线的这种负向替代关系就被颠覆。将70年代作为一个整体来看，通货膨胀和失业的关系是正向变动而非负向。进一步考察60年代到80年代的通货膨胀和失业率之间的关系，两者之间呈现出负向和正向关系的混合，散点图也显得比较混乱。在1978年，卢卡斯和萨金特（Sargent）宣布了菲利普斯曲线的"灭亡"。其实，在此前几年，菲利普斯曲线的复兴就已经开始。戈登（1975）和菲尔普斯（1978）各自独立地建立了两个存在细微差别的模型，发展了新的供给冲击的政策反应理论，这走出了菲利普斯曲线复兴的第一步，也成为菲利普斯曲线复兴的一个重要组成部分。后来，戈登（1984）将这两个模型融合在一起，称为"戈登—菲尔普斯"模型。

"戈登—菲尔普斯"模型的建立始于这样一个命题：商品需求的价格弹性（与供给冲击相对应）小于1。这样，随着某种商品相对价格的上升，该商品的花费份额也必然上升。例如石油，随着石油相对价格的上升，石油消费所占份额必然上升，而其他消费所占份额必然下降。在

1972～1981 年间，美国名义 GDP 中能源消费增长了 3 倍。要实现持续的充分就业，名义 GDP 增长率和名义工资增长率之间必须存在一个缺口，以便为给石油名义消费的上涨提供空间。

"戈登—菲尔普斯"模型中供给冲击的产出效应有时类似于"石油税"，它更大程度上减少非石油产品的实际消费，较少地减少石油需求弹性。这样实际产出下降的程度不仅取决于石油的需求价格弹性，更取决于名义需求的反应，名义需求又不仅取决于货币政策的反应，也取决于一些额外的因素，如负的"财富效应"。

在 1975～1978 年间，供给冲击理论迅速融入宏观经济学，在 1977 年，供给冲击被引入自然率预期的菲利普斯曲线，戈登（1977a）建立了该理论的分析框架，即"三角模型"。在"三角模型"中，通货膨胀取决于三个因素：通货膨胀惯性、需求和供给冲击。供给冲击因素包括粮食和能源冲击、政府管制（如尼克松政府的价格管制）、失业率的变化、生产率的偏离、汇率变动、有效最低工资和社会保险税等。

3.2　三 角 模 型

3.2.1　初始形式的"三角模型"方程

针对通货膨胀的原因，戈登（1977a）提出了一个封闭经济环境中的"三角模型"方程。

国民收入等式可以表示为增长率形式，如式（3-1）所示：

$$y \equiv p + q \tag{3-1}$$

小写字母表示增长率，y 为国民收入增长率，p 为价格总水平指数增长率，q 为实际产出增长率。

式（3-1）两边同时减去资本的长期趋势增长率（长期趋势）q^*，得到式（3-2）：

$$y - q^* \equiv p + q - q^* \tag{3-2}$$

或　　　　　　　　　　　$\hat{y} \equiv p + \hat{q}$

这里　　　　　　　　　　$\hat{y} = y - q^*$

$$\hat{q} = q - q^*$$

根据奥昆定律（1962），当期失业率 U、滞后一期失业率 U_{-1} 和产出增长偏离 $\hat{q}$ 三者之间的关系可以表示为：

$$U = U_{-1} - \hat{q}/a \qquad (3-3)$$

a 是一个常数。

由式（3-3）知 $\hat{q} = a(U_{-1} - U)$，再将此式代入式（3-2），解得通货膨胀 p：

$$p = \hat{y} + a(U - U_{-1}) \qquad (3-4)$$

考虑导致 y 偏离其长期趋势 y^* 的根源，$\hat{y}$ 可以被分解为式（3-5）：

$$\hat{y} = \hat{m} + v \qquad (3-5)$$

$\hat{m}$ 为货币供给量增长率，该增长率根据资本 q^* 的增长率进行调整，v 为货币流通速度增长率。

由式（3-4）、式（3-5）得：

$$p = \hat{m} + v + a(U - U_{-1}) \qquad (3-6)$$

式（3-6）中有两个未知变量，p 和 U，因此再引入一个菲利普斯曲线方程：

$$p = bp^e + f(U), \ 0 < b < 1, \ f' < 0 \qquad (3-7)$$

式（3-6）和式（3-7）提供了一个 p，U 组合的菜单。弗里德曼（1966a）第一个明确地反对式（3-7），他认为通货膨胀和失业之间不存在长期的、稳定的替代关系，并引入适应性预期。弗里德曼和菲尔普斯认为在 $p = p^e$ 的均衡状态下，只有一个自然失业率（U^N）是可能存在的：

$$p = p^e + g(U - U^N), \ g' < 0, \ g(0) = 0 \qquad (3-8)$$

可见，自然失业率的引入，完全改变了稳定政策的框架。

p^e 是通货膨胀预期，取决于各滞后期的 p，即：

$$p^e = h(p_{-1}, p_{-2}, \cdots)$$

在方程式（3-8）中，只有当 p^e 固定时，通货膨胀必然与失业率负相关。如果 p^e 不固定，在适应性预期下，p^e 可能会逐期上升，这时当失业率上升时，通货膨胀可能也会上升。

式（3-4）提供了一个动态供给曲线，当 $\hat{y}$ 和 U_{-1} 给定时，p 和 U 之间存在正相关关系。促使供给曲线上升到需求曲线的任何变动因素都会使 p 和 U 同时上升。将这些变动因素（Z）引入式（3-8）：

$$p = p^e + g(U_t - U_t^N) + Z \qquad (3-9)$$

其中，Z 为成本推动的压力，可以来源于工会或能源供应。这是三角模型的初始形式。

3.2.2　三角模型的菲利普斯曲线的现代形式

现代三角模型常采用式（3-10）的形式：

$$p_t = a(L)p_{t-1} + b(L)D_t + c(L)z_t + e_t \qquad (3-10)$$

小写字母表示对数的一阶差分，大写字母表示水平的对数。L 表示滞后因子多项式，D_t 是过度需求指标，当 $D_t = 0$ 时，表示不存在过度需求。

z_t 是供给冲击变量组成的向量，当 $z_t = 0$ 时，表示不存在供给冲击。e_t 表示一系列随机误差项。"三角"表示三个基本决定因素的集合，分别是"惯性"（如通货膨胀滞后项的影响）、需求（D_t 项）和供给（z_t 项）。

通胀惯性因素是一个固有的通货膨胀率，一般由滞后一期通货膨胀率来表示，即 $t-1$ 期的数值。需求拉动因素的作用主要表现为当失业率下降和消费全面上升时，某些商品会出现短缺，进而这些商品的价格会上升。供给冲击因素表现为某些关键产品的生产成本上升，并且这些关键产品没有直接的替代品，进而导致这些商品的价格上升。如 20 世纪 70 年代的石油价格上升导致商品价格的全面上升而工资维持不变。

需求 D_t 项的代理变量主要有"产出缺口"（实际产出与自然或潜在实际产出比率的对数）、"失业缺口"（实际失业率对自然失业率，即 NAIRU 的偏离）和生产能力利用率。

在式（3-10）中，假定供给冲击 z_t 是外生的，通货膨胀 p_t 和需求变量 D_t 是内生变量。如果采用产出缺口来表示 D_t，产出函数：$R_t = \ln(Y_t / Y_t^N)$，则有式（3-11）：

$$p_t = a(L)p_{t-1} + b(L)R_t + c(L)z_t + e_t \qquad (3-11)$$

这是包含产出缺口形式的三角模型。

"过度名义 GDP 增长率"，即名义 GDP 超出潜在产出部分的增长率，是外生的。有恒等式：

$$R_t - R_{t-1} \equiv x_t - y_t^* - p_t \qquad (3-12)$$

方程左边是产出缺口的变化，x_t 是名义 GDP 增长率，y_t^* 是自然（潜在）产出增长率，p_t 是通货膨胀率。

综合式（3-10）、式（3-11）两个方程，存在两个未知变量，即 R_t 和 p_t。需求冲击变量为过度名义 GDP 增长率（$x_t - y_t^*$）是外生的，供给冲击变量为向量 z_t，也是外生的，滞后因素 p_{t-1} 和 R_{t-1} 是由以前时期决定的。

如果以失业缺口（$U_t - U_t^N$）作为需求的代理变量，可以得到另一种形式的方程，如式（3-13）所示：

$$p_t = a(L)p_{t-1} + b(L)(U_t - U_t^N) + c(L)z_t + e_t \qquad (3-13)$$

同样，将过度名义 GDP 增长率视为外生的。

由奥肯定律可知，失业缺口和产出缺口之间存在以下关系：

$$U_t - U_t^N = \theta(L)R_t + \varepsilon_t \qquad (3-14)$$

由此可以看出，方程式（3-11）和式（3-13）本质上是相同的。

3.3　三角模型的分析范式

3.3.1　三角模型分析范式的发展

20 世纪 60 年代的分析范式主要包括两个变量，即实际失业率与 NAIRU 之间的缺口、滞后的通货膨胀变量，如果滞后通货膨胀变量的系数之和为 1，这就是"自然失业率的菲利普斯曲线"。自 20 世纪 70 年代末期以来，供给冲击被引入菲利普斯曲线模型，四种具体的冲击形式即进口价格的相对变化、食物和能源价格的相对变化、生产率的偏离和表示 1971～1974 年尼克松时期价格管制效果的虚拟变量被纳入方程，由此形成三角模型的初始分析范式。戈登（1982）认为通货膨胀的滞后期长达 6 年，这个滞后期长度此后一直保持不变。其他供给冲击变量分别采用当期加上一年滞后期的食品能源冲击和失业缺口、1 年滞后期（不包括当期）的进口价格冲击以及当期加上 1 年滞后期的生产率偏离的变量。在对生产率趋势的处理上，与之前的传统模型分析范式相比较，三角模型的初始范式以经过 HP 滤波处理的生产率趋势代替了分段对数线性化的生产率趋势。

由于戈登（1982）在初始范式中对通货膨胀变量所规定的较长滞后期带有较强的任意性，所以初始分析范式的适用性不强。这就需要采取有效的方法来缩短滞后期并改进对生产率变化趋势的处理方式，在不减弱模型预测能力的情况下，建立一种更为有效的分析范式。

由于模型中包括较长的滞后期，初始分析范式不能很好地解释20世纪90年代后期的低通货膨胀率，具有明显的缺陷。因为滞后期越长，该期间内各期变量之间的相互作用越复杂，当对20世纪90年代后期的低通货膨胀率进行说明时，模型中也融合了20世纪80年代后期和20世纪90年代早期的高通货膨胀的因素，这些因素对经济个体的当期行为很可能会产生较大的影响。而在实际中，这种影响可能很小，较长的滞后期间将这种影响扩大了。

戈登（2002）对初始范式进行了简化，他选取1962年第一季度至2001年第四季度期间作为样本进行研究，结果发现在1990年以前，使用较长的滞后期是有意义的，此期间的滞后期长度不能删减。但是从1990~2001年的滞后期是可以删减的，初始范式是可以简化的。在此期间内，初始范式中通货膨胀较长的滞后期可以减少为当期和1期滞后。其他变量如进口价格变量能够减少为2期滞后，失业缺口可以用其当期值和失业缺口变化来规定，生产率偏离变量的滞后可以忽略。

在改进的分析范式中，包含滞后期间较短的变量的模型具有很好地预测通货膨胀的能力，20世纪90年代后期的低通货膨胀率也在这个模型中得到了很好的解释。同时，为了解释低的通货膨胀率，不需要 TV - NAIRU 也降低那么多。当使用较长滞后期的变量时，如果利用模型来解释1996年的低通货膨胀，则必须可虑到1990年高通货膨胀的事实，必须以 NAIRU 的变动来说明这种变化，即要求 TV - NAIRU 有一个较大幅度的下降。

3.3.2　对"无供给冲击的自然失业率"的界定

非加速自然失业率（NAIRU）是指稳定通货膨胀条件下的失业率，

稳定的通货膨胀是指通货膨胀率为一个常量，即不加速也不减速。三角模型中的自然失业率是指"无供给冲击的 NAIRU"。

"无供给冲击的 NAIRU"是指在没有供给冲击的条件下，与稳态通货膨胀相一致的失业率。具体地说，通货膨胀在近来一段时期一直是稳定的，但是，突然出现了一个急促的上升下降过程，这个过程完全是由供给变量变化导致的，那么，在没有供给冲击的情形下，与稳态的通货膨胀共存的失业率就是无供给冲击的 NAIRU。

3.3.3 对预期和工资的处理

最初菲利普斯曲线表明的是工资变化率和失业两者之间的变化关系，后来，随着预期通货膨胀的引入，菲利普斯曲线发展成为"预期的菲利普斯曲线"。但是在三角模型中，既没有预期因素也没有工资因素。

第一，从 20 世纪 60 年代末期到 70 年代初期的关于价格对工资产生的滞后影响的解释中可知，在理性预期条件下，价格和工资惯性是可以共存的。价格调整的速度和预期形成的速度是两个完全不同的事情。价格调整的影响因素主要是工资和价格合同、成本经过投入产出过程而上升所需要的时间。而预期的形成则不同，每个人只要拥有关于价格总水平的充分信息，就能够迅速而理性地形成预期。

式（3-10）、式（3-11）、式（3-13）中通货膨胀滞后项的作用就是反映通货膨胀惯性的动态性，而不管这种惯性是否与预期形成、合同、滞后传递或其他因素相关。

第二，在早期菲利普斯曲线文献中，工资和价格通过固定加成方程而保持一种稳定不变的关系，传统菲利普斯曲线都强调工资要素。然而，从 20 世纪 60 年代到 70 年代早期，劳动报酬在国民收入中所占份额呈现出强劲的上升，这说明在长期中，传统菲利普斯曲线模型中工资和价格的关系已经发生变化。

中央银行的目标是控制通货膨胀，而非工资增长，在式（3-10）、式（3-11）中，工资是被暗含地解出，且只需要估计一个简化的形式，而早期传统菲利普斯曲线中则包含独立的工资增长和价格加成方程，应用起来比较复杂，三角模型对工资的处理明显优于传统菲利普斯曲线模型。三角模型主要是分析通货膨胀对失业而非工资变化对失业的

关系，由此三角模型的分析框架又回到了萨缪尔森和索洛（1960）的
分析框架。其实最早主张忽视工资的是费雪，早在 1926 年，他就发现
菲利普斯曲线表明的是失业与价格变化而不是失业与工资变化的关系，
但此常被人们所忽视。

3.4 三角模型与时变自然失业率

自然失业率概念最早由菲尔普斯和弗里德曼于 1968 年提出，是指
通货膨胀率处于稳态水平（常数）时的失业率，这是一种均衡水平，
当实际失业率偏离该水平时，会导致通货膨胀率发生变化，所以自然失
业率也称作非加速失业率。自然失业率概念的提出是在 20 世纪 60 年代
末期，对其估计则兴起于 20 世纪 70 年代。

3.4.1 NAIRU 的类型

在估计 NAIRU 之前，首先要明确所要估计的 NAIRU 的类别。在实
证检验层面上，NAIRU 可以分为三类：短期 NAIRU、中期或核心 NAI-
RU 和长期 NAIRU。

短期 NAIRU 是一种短期均衡状态下的失业率，对它来讲，当期通
货膨胀率在未来期间可能保持固定不变，也可能由于受到供给冲击和通
货膨胀惯性的影响而出现频繁变动。通常所说的 NAIRU 是所谓的中期
NAIRU，这是一个处于均衡水平的参数，在受到短暂的供给冲击之后，
实际失业率会根据该参数进行调整，即向该均衡水平恢复。长期 NAI-
RU 是一种均衡失业率，当所有的供给冲击或其他冲击发生作用之后，
实际失业率会趋向该均衡失业率，这些冲击包括那些能够对经济产生长
期影响的因素的变化。瑞查德森（Richardson，2002）认为长期 NAIRU
与自然失业率相似。但是，两者还存在区别，区别在于它们的宏观或微
观经济学基础，虽然在一定条件下，两者被认为是等同的经验、理论术
语，但是它们毕竟是不同的两个概念。

在专业文献中，NAIRU 估计模型通常有三类：结构模型、纯统计
模型和简化形式模型。

41

结构模型的核心完全依赖于菲利普斯曲线模型，为了提高模型的精确程度，往往又加上总工资率方程和总价格水平方程，这些方程建立了工资率和影响其偏离雇员期望的因素之间的联系，也建立了价格水平和影响价格偏离厂商期望的因素之间的联系。当价格水平处于稳定状态时，通过这两个方程可以得出 NAIRU。这种方法的明显优势在于，大量的纯经济学变量和情形可以纳入模型，包括某一特定经济的大量经济特征，都可以通过变量的引入而在结构模型中得以体现。另外，更多的分析方法要求使用一些难以度量和难以识别的经济因素，这些因素也能够通过总工资率方程和总价格方程得以体现。

结构模型的问题在于其参数过于依赖经济理论，而经济理论的建立基于大量有关经济个体的行为假设，而对于这些假设是否成立和适合，则存在明显不同的观点。于是，这些模型和所得结果必然要受到主观性的影响。

纯统计模型的建立通常只是基于实际通货膨胀率，通过选择适当的滤波方法（例如经常使用 H－P 滤波）估计出通货膨胀率的变化趋势，这个趋势就是 NAIRU。很明显，该模型的优势在于模型简洁和估算速度快。纯统计模型有两个缺点：一是给定的滤波方法参数选择具有主观性；二是滤波方法的建立基于移动平均原理，这使得滤波方法缓慢地吸收了失业率的显著变化，而这些显著变化在本质上有可能是结构性原因造成的。

简化模型融合了前两种方法，该模型通常以菲利普斯曲线模型为基础，尤其是戈登三角模型，通过选择统计学方法估计不可观测的 NAI-RU。最经常使用的统计方法包括使用 Kalman 滤波的模型、结构 VAR 模型（SVAR）和 VEC 模型求解。这里需要注意的是，这些模型独自不会给出相关问题的任何经济学上的见解。由于这些求解方法的使用，相关经济环境因素纳入了模型，这些经济环境因素是通过求解方法的使用而纳入模型之中，从而使模型具有了经济学意义。

在最初的 NAIRU 估计中，使用较多的是简单的结构模型，通过对一个简单的结构模型加以描述和应用得出 NAIRU 的估计值。这种初始的模型不要求搜寻和估计劳动市场的任何属性特征，而且在估算的最后阶段往往采用 H－P 滤波方法，这又使其结论复杂化。当前对 NAIRU 的估计中，简化模型明显地占据主流地位，为学术界广泛应用。

3.4.2 三角模型与 TV-NAIRU 的融合

在菲尔普斯和弗里德曼（1968）提出自然失业率的菲利普斯曲线之后，戈登（1975，1977，1984）将供给冲击的负面作用或正面作用引入模型，从而成功地解释了美国 20 世纪 90 年代后期的通货膨胀过程。20 世纪 80 年代早期典型的三角模型是伴随着 NAIRU 发展起来的，NAIRU 或者被规定为一个常数，或者只是作为对劳动市场上人口在统计学上变化的反应而变化。后来，斯塔格、斯道克和沃德森于 1997 年发展了允许 NAIRU 在长期内变化的技术方法，戈登（1997）又将这种时变方法引入三角模型，艾勒（Eller，2000）通过减少滞后期和重新定义生产率变量而发展了一种估计三角模型和 TV-NAIRU 的改进方法。

明确区分需求和供给冲击的三角模型中所使用的 NAIRU 实际上是指无供给冲击的 NAIRU，也就是在没有供给冲击（$z_t = 0$）的稳定通货膨胀状态下的失业率。

如果没有这个限制，NAIRU 会随着供给冲击的发生和结束而突变。对 TV-NAIRU 的估计可以使用下面两个方程：

$$p_t = a(L) p_{t-1} + b(L)(U_t - U_t^N) + c(L) z_t + \varepsilon_t$$
$$U_t^N = U_{t-1}^N + \eta_t, \ E\eta_t = 0, \ var(\eta_t) = \tau^2$$

失业缺口是表示过度需求的指数，第二个方程明确允许 NAIRU 随时间变化。η_t 是与序列无关的而且与 ε_t 不相关。当标准差 $\tau^2 = 0$ 时，自然率为一个常数，当 τ^2 为正数时，模型允许 NAIRU 在每个期间发生有限的变化。如果不对 NAIRU 每期的变化能力施加限制，TV-NAIRU 就会上下大幅度变动。

戈登对 1955~1996 年间的 NAIRU 进行了估计。在大约 40 年期间里，TV-NAIRU 基本稳定在 6%，浮动范围从 5.3% 到 6.5%，因此，在戈登 20 世纪 70~80 年代的文献中，NAIRU 总是设定为 6%，上面的样本期间包括了经历了 20 世纪 80 年代的扩张和 1990~1991 年的衰退，这也为 6% 的假设提供了有力的证据。

3.5 小 结

3.5.1 三角模型的含义

从长期来看，通货膨胀在任何时间、任何地方都是一种"过度名义GDP"现象。为了控制通货膨胀，政策的实施需要设定一个名义锚，最可信的名义锚就是过度名义GDP增长。如果以无供给冲击的NAIRU或该水平上的自然或潜在实际GDP为目标，则会导致发生20世纪70年代的加速通货膨胀现象，那时，经济中存在显著的、序列相关的负向供给冲击。

货币供给的增长与通货膨胀之间没有什么特殊关系。货币供给增长对通货膨胀产生影响，与此同时，货币流通速度变化也会对通货膨胀产生影响，这两者会相互抵消。

从短期来看，过度名义GDP增长率的波动会导致通货膨胀率相对于失业率按顺时针方向做环形运动。这种环形走势来自惯性，即式（3-13）中的滞后变量项会减缓通货膨胀率对失业缺口变化的反应。

供给冲击能够使得通货膨胀和失业缺口两者之间出现一种正向变化的关系。在20世纪70年代，通货膨胀和失业之间的菲利普斯曲线关系是正相关关系而不是负相关关系，这源于如石油价格上升等原因带来的供给冲击，这种负向关系是符合三角模型的。

三角模型是凯恩斯主义的。惯性和有限调整系数（b）阻止价格像名义GDP增长率那样变动。在过度名义GDP增长率作为外生变量情况下，产出和失业缺口就作为余量而得出。然而，三角模型并非只考虑需求因素，认为"失业受总需求扰动的支配"（King，1994），而是认为供给因素也会影响通货膨胀和失业。对于任何给定的过度名义GDP增长率，一个反向的供给冲击，如石油价格上涨，将会减小产出缺口并增大失业缺口。

3.5.2   三角模型的应用

戈登提出了三角模型理论并将其应用于几个主要的工业化国家包括美国、日本和一些欧洲国家。三角模型成功地解释了发达国家通货膨胀的过程，揭示了通货膨胀动态变化的规律，得出了很多有意义的结果，为通货膨胀的预测和宏观经济政策的制定提供了依据。大多数的经验研究结果表明，三角模型在工业化国家具有广泛的适用性，在对通货膨胀影响因素的解释以及对通货膨胀进行预测方面表现出良好的能力，从而三角模型成为研究通货膨胀问题的主流理论，这在学术界已经形成共识。

对于三角模型在发展中国家应用的经验研究相对较少，豪治（Hodge，2002）、凡德克和斯查林（Fedderke and Schaling，2005）、伯格和马库（Burger and Marinkov，2006）对三角模型在南非的应用作了研究。

三角模型是否适用于某个国家，主要从惯性、需求和供给冲击方面考察通货膨胀惯性效应、产出水平效应和产出变化率效应是否存在。伯格和马库的研究发现，南非几乎不存在产出水平效应，这表明存在产出滞后现象。只有有限的证据支持变化率效应的存在，这说明三角模型似乎不适合于南非。关于政策方面，产出水平效应的缺乏意味着影响经济总需求方面的反通货膨胀政策不能真正地影响通胀缺口。因为只有有限的证据表明这样的政策会通过产出缺口而影响通胀缺口。

萨博汉、奥斯曼和那亚兹（Subhani，Osman and Akif，2013）对三角模型在南亚四国包括巴基斯坦、印度、孟加拉国和斯里兰卡的应用进行了研究。他们选取了历史上近三十年的相关数据作为研究样本，结果发现印度和斯里兰卡不存在菲利普斯曲线。孟加拉国的失业率和通货膨胀率之间存在显著的负方向变化关系，从而证明了菲利普斯曲线的存在。而巴基斯坦的通胀率与失业率之间存在正相关关系，这表明菲利普斯曲线发生了转换和三角模型的存在。

3.5.3   三角模型在宏观经济学中的地位

随着对三角模型经验研究的不断深入，该模型解释通货膨胀动态性的能力日益增强，这曾被认为是二战后宏观计量经济学的巨大成功之一。通过动态模拟的需求检验方法的运用，三角模型能够对 20 世纪 90 年代后期的低通货膨胀做出解释。20 世纪 90 年代后期的低通货膨胀过程主要是低下的生产能力利用率和 NAIRU 的下降导致的，NAIRU 的下降很大程度上又是由劳动市场的结构变化导致的，此外和正向的供给冲击包括实际进口价格下降和稳定的能源价格有关。在三角模型的经验研究中，往往使用唯一的一个需求变量，即实际失业率与 NAIRU 之间的缺口，进一步的研究应该就同时引入失业率缺口和生产能力利用率缺口这两个需求变量方面而努力。

尽管三角模型成功地拟合了美国战后的数据，合理地解释了一些主要工业化国家和发展中国家的通货膨胀现象。然而要在更长的历史期间内解释各种类型的所有国家的通货膨胀过程，三角模型还是面临很大的困难，尤其是在二战期间美国与大多数欧洲国家菲利普斯曲线的消失产生的这种迟滞现象。尽管如此，三角模型的计量分析范式是探讨通货膨胀、失业或货币政策问题的核心，在研究通货膨胀的理论中居于主流地位。

第4章 菲利普斯曲线的新凯恩斯主义分析框架

4.1 新凯恩斯主义经济学[①]的渊源和分析框架

4.1.1 新凯恩斯主义经济学的渊源

在古典经济学中，劳动力市场是以竞争为主导的，价格和工资具有完全的弹性，所以古典模型可以实现充分就业。

传统凯恩斯主义经济学并不认为劳动力市场总能处于市场出清状态并在一定程度上解释了非自愿失业存在的可能性。

凯恩斯主义失业理论主要包括两方面内容：第一，货币工资具有刚性。在实际的经济生活中，货币工资往往具有明显的向下刚性。货币工资的小幅上升会导致实际工资高于均衡水平，在现有工资水平基础上劳动力供给增加，出现非自愿失业。第二，当货币工资不再是刚性的而具有充分弹性时，仍然有可能出现失业。原因在于产品市场的需求方面可能存在严重不足，就业水平低于充分就业均衡水平，即有效需求不足引起失业。

---

① 新凯恩斯主义（New Keynesian Economics）经济学也称为新凯恩斯经济学，本书在同等意义上使用这个术语。该术语第一次出现在帕金和巴德（1982b）的宏观经济学教科书中，而巴尔等（1988）最先在学术论文中使用"新凯恩斯主义经济学"这一术语。本文中新凯恩斯主义经济学也包括哈格里夫斯、理查德·莱亚德、斯蒂芬·尼克尔等为代表的欧洲派别的"新凯恩斯主义"经济学。

可以看出，在传统凯恩斯主义模型中，无论货币工资是不是刚性的，都有可能得到失业的结果。因此，工资刚性不再是失业的必要条件。

传统凯恩斯主义经济学主要是从商品市场和货币市场的有效需求不足，而不是从劳动市场的货币工资刚性来解释失业问题的。但是，人们很快就认识到，作为对宏观经济的完整描述，传统凯恩斯主义经济学缺少对供给方面和一般价格水平决定的分析，而注重于需求方面。

20世纪50年代后半期到20世纪60年代中期，新古典综合学派（Neo - Classical Synthesis）兴起。新古典综合学派从古典经济学的代表人物那里引入所谓的"庇古效应"（Pigou Effect，也称为"实际余额效应"）。它否定了传统凯恩斯主义经济学关于投资的低利率弹性和流动性陷阱造成自愿失业的说法，从而实质上与古典经济学一样，把自愿失业只归根于货币工资刚性这一条。但是，新古典综合学派承认货币工资刚性假设是符合现实的，因而承认非自愿失业的存在是符合现实的，承认名义总需求的冲击会造成实际变量的波动。

新古典综合学派假设商品市场上的价格水平具有弹性，而劳动市场上的货币工资具有刚性，这两者结合在一起构成了新古典综合学派的失业理论。可以简单表述为：刚性的货币工资造成过高的实际工资，使劳动供给超过劳动需求，结果出现了凯恩斯式的非自愿失业。但是这两者存在明显的不对称性。

西方经济学家主要采取两种方法来克服新古典综合学派模型中的不对称性：一种方法是保留新古典综合模型中的关于劳动市场货币工资刚性的假设，而修正其商品市场价格弹性的假设，即以价格刚性假定来取代它。另一种方法正好相反，是保留该模型中关于商品市场的价格弹性的假定，而修正其劳动市场的货币工资刚性的假定，即以货币工资弹性来取代它。

使用第一种方法修正新古典综合学派模型的是一般非均衡学派，主要代表人物是巴罗、格罗斯曼和伯纳西。一般非均衡学派认为，在现实生活中，不仅货币工资具有刚性，而且价格水平也具有刚性。劳动市场上的货币工资刚性导致劳动市场失衡，产品市场上的价格刚性导致产品市场失衡。以普遍的刚性作为其全部理论的出发点和基础是一般非均衡学派理论不同于它以前的凯恩斯主义经济学派的一个特点。

一般非均衡学派认为，更为重要的是，一个市场的失衡情况会对另

外一个市场施加限制性影响。这种不同市场之间的相互影响将使最初的
失衡发展成为更大的失衡。这是一般非均衡理论的一个更为重要的特
点。一般非均衡学派的基本结论是：非自愿失业和就业量、产量的波
动，不仅会由于新古典综合学派所说的工资刚性产生，而且还会由于价
格的刚性而产生。其中，工资刚性直接引起非自愿失业，价格刚性则直
接引起就业量和产量的波动。

　　如果工资是刚性的，则无论价格是刚性的还是弹性的，总需求下降
的冲击都将导致非自愿失业的出现和实际就业量及产出的波动，而且此
时的实际就业量波动与非自愿失业是一致的。更进一步分析，当工资为
刚性时，如果价格也是刚性的，则产量的波动就与非自愿失业一致，而
且无论价格是高于还是低于均衡的水平，都会导致失业。但是，当价格
具有弹性时，产量的波动则是一种均衡波动。但是，如果工资是有弹性
的，则在总需求的冲击下，不会出现非自愿失业，尽管实际就业量和产
量会下降。无论何种情况，在名义刚性的假定下，总需求冲击将引起实
际经济变量的波动。

　　一般非均衡学派试图建立凯恩斯主义宏观经济学的微观基础，但
是，这个任务没有彻底完成。一般非均衡学派的前提是价格和工资刚
性。对于这个前提，一般均衡学派只是假定了这种刚性的存在，并没有
给予合理的解释。

　　使用第二种修正方法改造新古典综合学派模型的是弗里德曼和卢卡
斯。他们认为应该用关于货币工资弹性的假设来取代关于货币工资刚性
的假设，这样可以得到一个类似于古典经济学的一般均衡模型。货币工
资和价格水平都不具有刚性，两者都会迅速地对供给和需求的变化做出
调整，从而实现市场均衡。

　　模型中引入经济主体的预期以说明失业和产出波动。失业和产出波
动之所以存在，原因在于经济主体对价格水平的错误预期，结果产量和
就业量都低于充分就业水平。

　　弗里德曼和卢卡斯在模型中保留了从古典经济学到新古典综合学派
都一直强调的失业与实际工资的联系，即实际工资过高造成失业（古典
式失业）。三者的共同之处是都是把失业归因于实际工资过高，都只讨
论了古典式失业的可能性区别在于对实际工资过高的解释不同，在新古
典综合学派那里，是货币工资的刚性引起实际工资过高，而弗里德曼和

卢卡斯则认为是由于预期价格过高引起实际工资过高，即经济主体的预期错误。

遵循第一条修正的方法，进一步需要解决的问题是：在失衡状态下，作为理性的经济主体的厂商和雇员为何不调整货币工资和价格水平已实现新的均衡？政府发挥什么样的作用？由此发展出"新凯恩斯主义经济学"。

遵循第二条修正的方法，进一步需要解决的问题是："哪些因素导致经济主体产生错误的预期？经济主体的错误预期能否及如何得到修正？政府应该具备或发挥什么样的作用？"由此发展出"新古典经济学"。

在20世纪80年代和20世纪90年代，新古典宏观经济学和新凯恩斯主义经济学是西方宏观经济学中的两个最主要的流派。与之相对立，西方宏观经济学有两大不同类型的微观基础，一类是竞争性的微观基础，一类是不完全竞争的微观基础。不完全竞争既指传统意义上的市场只存在少数企业，而且也指不完全信息、不对称信息、宏观的外部性等。

20世纪70年代出现的一般非均衡理论（也称为非瓦尔拉斯均衡理论、固定价格研究）没有为凯恩斯主义的价格刚性和工资刚性假定提供理论上的合理解释，从而不能真正为凯恩斯主义经济学建立一个牢固的微观基础。

在20世纪70年代中期以后，新古典宏观经济学逐渐取代货币主义而成为反对新凯恩斯主义经济学的主流。货币主义不过是一种半形式化的分析，而新古典宏观经济学则是高度形式化的。

新古典宏观经济学有两个基本假定：一个是市场结清假定；另一个是理性预期假定。新凯恩斯经济学对新古典宏观经济学的批判主要集中在市场结清假设上。这又分为两个方面：一是否定劳动力市场结清的假定；二是否定商品市场结清的假定。只从商品市场来分析，价格为非均衡价格时，会出现两种情况：价格水平高于均衡价格时，产出由较小需求的一方决定，产生所谓的"需求约束式均衡"，与之相对应的是"凯恩斯式失业"。当价格水平低于均衡价格时，产出由较小的供给一方决定，产生所谓的"供给约束式失业"，与之相对应的是"古典式失业"（冯金华，1997）。

4.1.2　新凯恩斯主义的分析框架

4.1.2.1　新凯恩斯主义经济学的假设

（1）黏性假设。

黏性假设包括价格黏性和工资黏性。新凯恩斯主义经济学认为，经济实际运行的市场环境并不是完全竞争的，产品市场和劳动市场是垄断型或垄断竞争型的，在这种类型的市场上，供给方有能力在一定程度上控制价格水平和工资水平。所以当出现需求冲击或供给冲击时，价格和工资不能够进行即时调整而只能进行缓慢调整，即价格和工资呈现出黏性。所以，产品市场和劳动市场一般处于非完全出清状态，宏观经济均衡通常也不是瓦尔拉斯均衡。

（2）不完全假设。

不完全假设包括市场不完全和信息不完全两个方面，主要是指市场不完全。迪肯（Huw Dixon，1988）认为"不完全竞争是新凯恩斯模型中关键的新思想"，曼昆（Mankiw，1987）也认为"不完全竞争是新凯恩斯主义经济学的核心"。

新凯恩斯主义经济学的整个分析框架是以不完全竞争市场为基础的，尤其是垄断竞争型市场。在这种市场上，单个厂商面临的需求曲线是向右下方倾斜的，单个厂商在一定程度上能够影响同行业其他产品的价格。当市场需求发生变化时，厂商的理性行为是调整产品数量和就业量而非调整产品价格。

（3）理性预期假设。

理性预期假说是新凯恩斯主义经济学的又一重要假设。大多数新凯恩斯主义经济学家接受理性预期假说并力图将其纳入新凯恩斯主义经济学模型。在理性预期假设上，与新古典宏观经济学相比较，新凯恩斯主义具有两点不同之处。第一，新凯恩斯主义经济学更倾向于在长期内接受理性预期，大多研究者认为短期内形成的预期是适应性预期而不是理性预期；第二，基于不完全性假设，在经济实际运行中，经济个体会受到市场和信息不完全的约束或限制，所以新凯恩斯主义经济学的预期是一种"理性约束预期"（rational constraint expectation）或"近似理性预期"（near-rationality）。

（4）最大化原则假设。

新凯恩斯主义经济学的最大化原则假设继承了古典经济学的传统。模型中价格黏性和工资黏性的解释是经济个体以利益最大化为出发点。新凯恩斯经济学菲利普斯曲线模型的微观基础构建也遵循最大化原则，由厂商的最优定价行为或厂商和家户的追寻利益最大化行为可以得出 NKPC 模型。

4.1.2.2 新凯恩斯主义经济学的判定

对于一种理论或学说是否属于新凯恩斯主义经济学，曼昆和罗默（1991）给出了判定的方法。判定的标准主要是根据这种经济理论或学说对下面两个问题的回答。

第一个问题：这种理论或学说是否违反古典二分法？即是否认为货币是非中性的？名义变量（如货币供给）的变化是否会导致实际变量（如产量和就业）的变化？古典二分法认为货币是中性的，货币供给的变化不会影响产量和就业的变化。而新凯恩斯主义经济学认为货币是非中性的，货币供给的变化会导致产出和就业等实际变量发生变化。新凯恩斯主义经济学是违反古典二分法的。

第二个问题：这种理论或学说是否认为经济中的实际市场不完全性是理解经济波动的关键？诸如不完全竞争、不完全信息和相对价格刚性分析是这种理论的中心问题吗？新凯恩斯主义经济学认为市场不完全性是宏观经济分析的基点和核心，不完全性是解释宏观经济波动的关键。

在西方宏观经济学主流学派中，只有新凯恩斯主义经济学对这两个问题都做出了肯定地回答。

市场的不完全性、黏性行为和货币非中性是相互联系的。市场的不完全性使得价格存在黏性行为，而价格黏性又产生了货币的非中性。

4.1.2.3 派别划分

价格黏性和工资黏性理论是新凯恩斯主义经济学的核心理论。价格黏性和工资黏性进一步分为名义黏性和实际黏性。根据名义黏性和实际黏性，新凯恩斯主义经济学划分为两个派别：名义黏性学派和实际黏性学派。名义黏性学派的主要观点是，当宏观经济中的总需求发生变化时，名义价格和名义工资存在黏性，两者的调整经历了一个缓慢的过程。价格和工资的名义黏性导致失业和宏观经济的波动。实际黏性学派的主要观点是，宏观经济中的总需求发生变化时，相对价格和实际工资存在黏性，两者作出缓慢调整。失业和宏观经济的波动源于经济中存在的不完全性所产生的实际黏性，即使名义价格和名义工资具有很大的弹性。

依据格林沃德和斯蒂格利茨的观点，新凯恩斯主义经济学划分为两派三个分支，第一派是名义黏性学派；第二派是实际黏性学派和非黏性学派。实际黏性学派把实际黏性归因于除市场和信息不完全性之外的其他原因。非黏性学派则把失业和宏观经济波动归因于市场和信息的不完全性。

4.1.2.4　新凯恩斯主义经济学的特征

第一，新凯恩斯主义经济学为传统凯恩斯主义的宏观经济学提供了逻辑一致的微观基础。家户、厂商等经济个体具有理性预期并追求最大化行为，以此为基础，它从微观角度给工资和价格刚性作出了合理的解释。

第二，新凯恩斯主义经济学强调经济体系中不完全性的作用。这些实际的不完全包括不完全竞争市场和不完全信息。新凯恩斯主义经济学用这些实际的不完全来解释工资刚性和价格刚性。

新凯恩斯主义经济学和新古典宏观经济学的共同之处是：他们都认为宏观经济学应该具有牢固的微观基础，并且，理解宏观经济行为要求建立一个简单的一般均衡模型。二者的区别在于：新古典宏观经济学以完全竞争和完全信息为基础建立模型，并假定市场出清。而新凯恩斯主义经济学以不完全信息和不完全竞争为基础建立模型，不假定市场出清。两者都使用相同的一般均衡的方法和结构。

4.2　新凯恩斯经济学与菲利普斯曲线

通货膨胀的短期动态性是宏观经济学、经济模型设计和货币政策制定的一个核心议题。在传统凯恩斯主义经济学的 IS - LM 分析框架中，价格和工资是固定的，不存在价格的调整机制。在 20 世纪 70 年代到 20 世纪 80 年代期间，许多货币政策分析模型中都使用了 IS–LM 曲线模型，但是 IS–LM 模型的均衡点是以两条曲线为出发点得到的，它的均衡条件不是经济中经济个体最优化行为的结果。

菲利普斯曲线最初只是从经验数据上描述了通货膨胀和失业两个变量之间的变动关系，并以此进入宏观经济领域。以这种经验上的简单关系为基础，菲利普斯曲线逐步演变成一种结构关系，并于 20 世纪最后的 20 年间重新进入宏观经济模型。现在，NKPC 已经成为宏观经济中建立工资和价格模型的重要方法，它所表示的经济关系也是现代宏观经济模型中的一个核心关系。

NKPC 的发展给通货膨胀动态建模带来了两个方面的进展：第一，在建模中明确引入预期和对通货膨胀过程中前向性行为的强调。第二，在垄断市场经济环境中，引入价格和工资的最优化问题。这两个进展是新凯恩斯主义经济学的重要组成部分，也是在一个封闭经济中进行货币政策分析时所使用的主要分析框架。

新凯恩斯主义经济学模型融合了单纯的政策导向性的模型，如 IS–LM 模型、凯恩斯主义所强调的垄断竞争市场、有成本的价格调整等三个方面。新凯恩斯主义经济学模型是从一个没有微观基础的小规模的简单模型逐步转变成一个成熟的 DSGE 模型的。前者为经济中的重要总量提供了规范的表示，并抓住了货币政策传导机制的本质。而后者的均衡水平来自消费者、雇员、厂商、投资者甚至货币政策当局进行最优化行为的结果，这些最优化行为是在存在多种形式刚性的市场环境中做出的。新凯恩斯主义经济学模型为封闭经济中最优货币政策设计的分析提供了一个策略性的框架。动态最优的经济个体、名义刚性和其他的市场不完全的融合可以更好地理解各种类型冲击的传递和基于福利分析的对最优政策的偏离。

在 1958 年，菲利普斯曲线只是作为货币工资和失业两者的统计性关系被引入经济学领域。在此之后，菲利普斯曲线得到迅速发展，几乎没有其他经济学的总量关系像菲利普斯曲线一样，引得全世界的经济学家和政策制定者的强烈关注。它从 20 世纪 50 年代和 20 世纪 60 年代一个纯粹的统计性关系到 20 世纪 70 年代和 20 世纪 80 年代的几乎宣布灭亡，再到 90 年代的复兴。现在的 NKPC 像宏观经济学一样包括了理性预期的引入、跨期最优化和多种刚性。

关于菲利普斯曲线的主要议题主要有：关系中所包括的变量的选择；建模的微观基础，尤其是关于价格设定、预期和产品市场、劳动市场和资本市场上的多种刚性；最优化的估计方法。关于这些问题的争论已经持续了近半个世纪，至今关于菲利普斯曲线的争论也是源于此。

4.3　NKPC 的微观基础——厂商的 价格调整行为

价格设定结构的形式是 NKPC 模型的一个重要议题。阿罗（Arrow,1959）第一次指出市场力量某种程度的假定对厂商价格决定的讨论是至关重要的。在一个瓦尔拉斯经济中，每个厂商都是价格的制定者，当价格与边际成本相等时，即 P = MC 时，市场出清。相应地，处于一个不完全市场竞争环境中的厂商在生产时会考虑向下倾斜的需求曲线，通过在边际成本上加成定价来最大化其利润。价格、边际成本及加成利润的关系，以及这种关系对总需求的影响在新凯恩斯模型中占有重要地位。

垄断竞争的市场环境和厂商定价方法在一般均衡分析框架中的结合是通货膨胀动态建模的一个重要进展，使之更加接近经济运行的实际状态。

在新凯恩斯主义经济学分析框架下，动态价格调整主要分为三种类型：

第一种是状态依存价格调整。

状态依存模型中的价格调整是在成本—收益分析框架下进行的。价格调整所带来的收益大于所支付的成本时，厂商会调整价格。否则，保持价格不变。这样，状态依存价格调整模型中价格黏性持续的时间是一个内生变量，它是经济状态的一个函数。一般来讲，状态依存价格调整模型的求解较为困难，即使经济中单个厂商价格存在黏性，价格总水平的调整也可能是瞬间的。

第二种是时间依存价格调整模型。

在时间依存价格模型中，厂商在各个固定的时期调整其价格，调整的时间是外生给定的，价格调整行为与经济状态无关。交错价格定价方法就属于这一类。时间依存模型能够得到明确的有关当期及未来各期价格变化和当期需求的封闭形式解（封闭经济情况下）。

在一个封闭的经济框架中，各种不同形式版本的时间依存定价模型都可以推导出 NKPC。这些形式主要包括泰勒（1980）的固定期间交错工资—价格合同模型、瑞特伯格（1982）的成本调整价格设定模型和卡沃（1983）的随机时间依存价格设定模型等。瑞特伯格模型虽然是非严格意义上的时间依存模型，但它在内涵上与时间依存模型接近。在这三个模型中，又以卡沃模型最为典型，它被广泛地用于 DSGE 的建模。

第三种是理性疏忽价格设定方式。

由于信息的获取、吸收和处理存在一定的成本，作为理性的经济个体只是偶然地或间或地更新其信息集。曼昆和瑞斯（2002）介绍了有限信息条件下的黏性信息价格设定模型。黏性信息是一种不同于流行的卡沃分析框架的阻碍价格调整的形式。黏性信息模型的假定前提是信息在经济体系中缓慢地传播。卡沃交错定价模型中厂商在每个期间都会对价格做出即时调整，与其不同，特性信息模型认为，厂商收集信息和计算出最优价格是在长期中缓慢进行的，而非在每个期间都能即时调整价格。通过这种价格设定方式可以推导出一条黏性信息菲利普斯曲线。一个完善的或成熟的宏观经济模型中往往包括有限理性因素。

4.4　对 NKPC 模型的批评和发展方向

4.4.1　对 NKPC 的三个主要批评

NKPC 模型得出的结论并不与经济的实际运行情况相符合，在对通货膨胀和失业的动态效应方面，货币政策的解释能力很有限。曼昆（2001）讨论了 NKPC 模型的三个缺陷：

第一，通货紧缩导致经济繁荣的结论与事实不符合。曼昆引用鲍尔（Ball，1994a，b）的研究显示，在理性预期的新凯恩斯主义经济学模型中，一项充分可信的反通货膨胀措施能够促进经济繁荣，这与经验事实不符合。曼昆利用冲击反应方程分析也得到同样的研究结果，紧缩货币政策的实施导致通货膨胀率下降，同时也导致失业率的下降引起经济繁荣。因为在 NKPC 模型中厂商采用的是前向性理性预期，当中央银行实施可以确信的反通货膨胀政策时，厂商会明确地知道将会出现通货紧缩并且在此之前会减缓其产品价格的上升速度。结果流通中的实际货币量反而增加了，进而刺激总需求从而导致经济繁荣。然而，在实际中，各国央行反通货膨胀政策的实施一般不会引起经济繁荣，随着紧缩性货币政策的实施，经济往往出现"降温"。

第二，NKPC 模型的经验检验不支持通货膨胀惯性。曼昆引用弗若和莫尔（1995）的研究显示，通货膨胀变量呈正自相关性，其每期的数值都与前一期数值相关，具有很强的惯性。但是，一个交错的泰勒模型在实际经济数据上很难产生模型所描述程度的通货膨胀惯性。在泰勒模型的设定中，基于一系列持续固定期限的交叠合同，价格设定为边际成本上的加成。冲击会影响价格和工资，工资和价格水平会持久性地随工资合同期限的增加而增加，但是虽然价格显示出惯性，然而通货膨胀并没有显示出持久性。

曼昆进一步认为需要区分价格水平惯性和通货膨胀率惯性。价格水平惯性是由厂商在各个时期的价格调整行为所决定的，在模型中一般价格水平变动一般较为缓慢。后者则取决于货币数量和单个价格水平，短期内可能发生很大的变化。

第三，NKPC 不能对货币政策冲击产生在经验上可信的冲击反应方程。根据经验，货币政策冲击对通货膨胀产生的作用具有滞后性和渐进性，名义冲击只是在其对实体经济的影响充分发挥之后，才显现出其巨大作用。然而，NKPC 模型中纯粹前向性的通货膨胀能够对货币政策做出即时调整。对 NKPC 模型所做的数据模拟显示，实施紧缩性货币政策使通货膨胀率出现渐进下降，这种货币政策冲击的结果是总产出的增加和失业率的下降。NKPC 模型给出的失业率对货币政策的冲击反应方程与经验事实存在明显的差异。

4.4.2　发展方向

许多研究指出，NKPC 存在经验上的缺陷。NKPC 不能很好地解释实际的通货膨胀动态性，特别是 NKPC 不能产生观测到的通货膨胀持续性。同时，NKPC 也不能捕捉到通货膨胀的峰状脉冲响应，也就是受到正向货币冲击后，通货膨胀的逐渐升高和下降。由于 NKPC 缺乏经验支持，后继研究对 NKPC 的修正和扩展沿三个方向进行。

方向一：在传统黏性价格框架内进行调整。对卡沃（1983）随机时间依存定价模型进行四个方面的调整。其一是放弃理性预期假设，部分厂商在预期形成和价格设定中考虑后向性行为，以便形成通货膨胀惯性。采取了一种较为简单的方式，直接假设部分厂商采用后向型定价方式，修改后的通货膨胀方程称为混合 NKPC。修改后的通货膨胀方程中包含有一个通货膨胀滞后项，该项可以表明通货膨胀动态性中的持续性。加利和格特勒（1999），加利、瓦勒斯和劳培萨雷杜（Lope-zsalido, Galí and Vallés, 2004, 2007）的研究发现，混合 NKPC 能够很好地捕捉到美国和欧洲实际通货膨胀的动态性。由于模型中的后向型定价方式是通过假设直接给定的，而不是通过任何最优化问题推导得出，所以该模型缺乏必要的微观基础。其二是强调使用"实际边际成本/劳动报酬"来替代"产出缺口"的重要性。边际成本和产出缺口两者之间的相对关系非常不稳定，故使用实际边际成本作为菲利普斯曲线模型的驱动变量。其三是引入多种形式的实际刚性。其四是厂商调整价格的可能性随价格黏性的持续期间增长而变大，厂商最后一次调整价格后的持续时间越长，厂商再次进行价格调整的可能性越大。

方向二：放弃传统的黏性价格分析框架，从菲尔普斯（1970）的有限信息方法和行为经济学中汲取多种因素。在模型中引入其他名义黏性，主要是信息黏性。曼昆和瑞斯（2002）最早提出黏性信息菲利普斯曲线模型，由于信息的收集和处理存在成本，模型中厂商只是很少地更新其信息集。多普尔、克达姆若和舒戈（2008）将黏性价格和黏性信息结合在一起，提出了双黏性模型。在每一期，只有一部分厂商重新设定价格，同时也只有一部分厂商能够更新其信息集。

方向三：沿状态依存定价[①]（State – DependentPricing）方向改进 NKPC 模型。多塞和金等（Dotsey and King et al., 1999）在一个 DSGE 模型中引入状态依存定价。格特勒和利赫（2006）在状态依存定价的

---

① 参见 Dotsey M, King R G and Wolman A L, 1999. State – Dependent Pricing and the General Equilibrium Dynamics of Money and Output. The Quarterly Journal of Economics, 114（2）：655 – 690. Gertler M and Leahy J, 2006. A Phillips Curve with an Ss Foundation. NBER Working Paper No. 11971.

基础上得出一条菲利普斯曲线，虽然该曲线在说明通货膨胀持续性方面存在问题，但是它与宏观经验数据相符合。丹泽格（Danziger，1999）、高勒斯（Golosov）和卢卡斯（Lucas，2003）强调状态依存模型减弱了货币政策冲击的实际影响。这些结果表明状态依存定价可能无法说明实际产出的持续性问题。

　　对状态依存定价模型的研究尚处于初始阶段，还没有形成相对完善的理论分析框架和方法。此外，状态依存定价模型的求解比标准的黏性价格模型困难得多。状态依存定价模型在菲利普斯曲线研究中的应用相当有限，本书不对这个方向的改进展开论述。

第5章 新凯恩斯菲利普斯曲线模型

NKPC 模型的推导主要有两种方法：一种方法是通过垄断竞争厂商的最优价格设定行为推导出 NKPC。另一种方法是建立完整的包括厂商和家户的经济模型，通过经济个体的最优化行为推导出来。第一种方法较为简单，后一种方法较为复杂。

5.1 新凯恩斯主义经济学的微观定价行为

新凯恩斯主义经济学强调市场的不完全竞争性，各经济主体处于垄断竞争的市场环境中。关于价格动态调整的竞争理论有多种，这些理论有一个共同的观点，都认为一般价格水平来源于众多经济个体的单个价格，且各个组成部分的价格以不同的速度进行调整。在长期中，经济个体的都会调整其价格，但是调整的时间不同，最终一般价格水平显示出惯性。这些理论之间的关键区别在于它们将价格变化归因于偶然的机会还是主动地选择，也就是说，认为价格变化是外生的还是内生的，是最优的还是受约束的、次优的。

在这些理论中，以下三种具有代表性：（1）泰勒（1979，1980）的交错合同定价模型。在模型中，工资是价格变化的主要原因。（2）瑞特伯格（1982）的最优动态调整模型。该模型中，价格调整速度来源于经济主体的最优化选择。（3）卡沃（1983）的交错价格模型。模型中的价格变化是随机的。由于卡沃模型给出了由分散的厂商推导一般价格水平动态行为理论的一种简单的方法，该模型在理论研究中应用最为广泛。

5.1.1　泰勒的交错合同定价模型

泰勒模型基于以下三个假定：

（1）价格是边际成本的加成，这个加成是时间依存变量（时变的），在短期内主要受工资率的影响。

（2）任何一个时期的工资率都是工资合同的一个平均，这些工资合同一部分是在过去签订的，现在仍未到期，一部分是在当期签订的。

（3）当工资合同设定时，它们体现了收益最大化，并反映了当期的劳动边际成本和预期价格水平。

泰勒讨论了理性预期条件下的合同和交错工资决定的过程及作用。其中心思想是合同决定是交错的，即经济中所有的合同并不是同时决定的，正是这种工资合同的交错特征，导致宏观经济具有凯恩斯主义的黏性特征。

定义如下变量：

P_t 是一般价格水平，$p_t = \ln P_t$。

$\pi_t = \Delta p_t$ 是通货膨胀率。

w_t 是整个经济体系的工资率，$w_t = \ln w_t$。

w_t^N 是 t 时期的新合同工资，$\pi_t = \dfrac{\alpha}{1+\alpha}(p_t^* - p_{t-1}) + \dfrac{\beta}{1+\alpha}E_t\pi_{t+1}$。

v_t 是成本之上的价格加成，z_t 是劳动边际成本的对数。

假定价格是成本的一个加成：

$$p_t = w_t + v_t \tag{5-1}$$

这暗含着只有单一劳动要素的投入和厂商具有一定程度的垄断力量。泰勒假定工资合同持续 4 期，为了简化问题，这里假定工资合同仅持续 2 期，平均工资 w_t 是 t 时期和 t－1 时期的合同工资 w_t^N 和 w_{t-1}^N 的平均：

$$w_t = \frac{1}{2}(w_t^N + w_{t-1}^N) \tag{5-2}$$

新工资合同的签订将考虑未来价格水平 p_{t+1} 和当期价格水平 p_t 的不同，于是实际工资等于当期劳动边际成本 z_t，在两期内实际工资定义为当期和下一期期望价格水平的平均。因此新的名义工资是：

$$w_t^N - \frac{1}{2}(p_t + E_t p_{t+1}) = z_t \qquad (5-3)$$

由式 (5-1)、式 (5-3) 可得：

$$p_t = \frac{1}{2}\left\{\left[\frac{1}{2}(p_t + E_t p_{t+1}) + z_t\right] + \left[\frac{1}{2}(p_{t-1} + E_{t-1}p_t) + z_{t-1}\right]\right\} + v_t$$
$$(5-4)$$

相应地，价格水平取决于过去的价格，也取决于将来的期望价格。此方程中暗含的通货膨胀率可以由式 (5-5) 给出：

$$\Delta p_t = E_t \Delta p_{t+1} + 2(z_t + z_{t-1}) + 4v_t + \eta_t \qquad (5-5)$$

如果预期是理性的，有：

$$\eta_t = -(p_t - E_{t-1}p_t)$$

由 $E_{t-1}\eta_t = 0$，通货膨胀率由下式给出：

$$\pi_t = E_t \pi_{t+1} + 2(z_t + z_{t-1}) + 4v_t + \eta_t \qquad (5-6)$$

由前向型解法可得：

$$\pi_t = E_t \sum_{s=0}^{\infty} 4(z_{t+s} + v_{t+s}) + 2z_{t-1} + \eta_t \qquad (5-7)$$

于是，当劳动边际产品对数 z_t 上升 1 单位，在 $t+2$ 期通货膨胀恢复初始水平之前，通货膨胀在 t 期上升 4 个单位，在 $t+1$ 期上升 2 个单位。

式 (5-7) 也暗含着：随着 z_t 的一个永久性增长/上升，通货膨胀立即出现刺激性增长。因此，模型意味着：z_t 的长期水平被约束为零（除了短暂的偏离）。在这里，通货膨胀的稳态水平等于加成的对数。

假定工资合同持续超过 n 期，可以得到价格方程 (5-8)：

$$p_t = \sum_{s=1}^{n-1} \alpha_s E_t p_{t+s} + \sum_{s=1}^{n} \beta_s p_{t-s} + \frac{1}{n}\sum_{s=0}^{n-1} z_{t-s} + v_t + \zeta_t \qquad (5-8)$$

这里，ζ_t 是价格变化的线性组合，于是 ζ_t 是序列相关的。对每一个额外的期间，都有一个额外的前向型行为、滞后价格项和额外滞后的产出率。

5.1.2 瑞特伯格的最优动态调整模型

该模型假定价格调整是存在成本的。垄断竞争厂商面临两种成本：一是价格调整的成本；二是经济处于非均衡状态而产生的成本。厂商需要权衡这两种成本，并做出最优化选择。

厂商面临的这种权衡以成本函数方程如式（5-9）所示：

$$C_t = \sum_{s=0}^{\infty} \beta^s E_t [\alpha (p_{t+s}^* - p_{t+s})^2 + (\Delta p_{t+s})^2] \qquad (5-9)$$

式（5-9）包括价格水平对数的变化 Δp_t 和价格水平对其长期最优水平 p_t^* 的偏离。式（5-9）中第一项表示处于非长期均衡状态所产生的成本，第二项是调整价格的成本。厂商通过选择合适的价格 p_t 以最小化这些成本的现值。相对于最优化的均衡的长期价格水平，方程的解是最优的短期价格水平。

式（5-9）的一阶条件为：

$$\frac{\partial C_t}{\partial p_{t+s}} = 2E_t [\beta^s \{ -\alpha (P_{t+s}^* - p_{t+s}) + \Delta p_{t+s} \} - \beta^{s+1} \Delta p_{t+s+1}] = 0$$

$$(5-10)$$

当 $s = 0$ 时，这意味着：

$$\Delta p_t = \alpha (p_t^* = p_t) + \beta E_t \Delta p_{t+1} \quad \pi_t = E_t \pi_{t+1} \qquad (5-11)$$

或

$$\pi_t = \frac{\alpha}{1+\alpha}(p_t^* - p_{t-1}) + \frac{\beta}{1+\alpha} E_t \pi_{t+1} \qquad (5-12)$$

这是一个通货膨胀的前向型方程，π_t 取决于价格水平的"期望"变化和 $E_t \pi_{t+1}$。α 越大，处于非均衡状态所产生的成本越大，"期望"通货膨胀 $\pi_t^* = p_t^* - p_{t-1}$ 的系数 $\frac{\alpha}{1+\alpha}$ 也越大，β 越大，预期未来通货膨胀的系数 $\frac{\beta}{1+\alpha}$ 越大。当处于稳定状态时，有：$p_t^* = p_t$ 和 $\pi_t = E_t \pi_{t+1}$。

5.1.3 卡沃模型的交错价格调整

一般价格水平是所有厂商的平均价格，假定厂商是前向型的，厂商预测的最优价格是 $p_{t+s}^*(s \geq 0)$，所有的厂商在当期和将来各期都是这样。卡沃定价的关键特征在于：不是所有厂商都能够立即调整其价格趋向于最优价格水平，价格调整是外生的和随机的。

假定在任何一个时期，每个厂商调整其价格的概率为 $1-\rho$，于是在 $t+s$ 期，价格仍为 p_t 的概率是 ρ^s，当厂商调整它们的价格时，面临的问题是最小化调整价格 $p_t^\#$ 对最优价格的偏离成本。

这样，厂商的目标就是选择 $p_t^\#$ 以最小化：

$$\frac{1}{2}\sum_{s=0}^{\infty}\gamma^s E_t(p_t^{\#}-p_{t+s}^*)^2 \qquad (5-13)$$

其中 $\gamma = \beta\rho$，

关于 $p_t^{\#}$，给出一阶条件：

$$\sum_{s=0}^{\infty}\gamma^s E_t(p_t^{\#}-p_{t+s}^*)=0 \qquad (5-14)$$

于是调整后的新价格是：

$$p_t^{\#}=(1-\gamma)\sum_{s=0}^{\infty}\gamma^s E_t p_{t+s}^*$$

其递归形式为：

$$p_t^{\#}=(1-\gamma)p_t^*+\gamma E_t p_{t+1}^* \qquad (5-15)$$

同泰勒模型一样，方程是前向型的。

由于一般价格水平是所有价格的平均，在 t 期，比例为 $1-\rho$ 的厂商调整价格，实际价格水平 p_t 是调整价格的厂商和不调整价格厂商的加权平均。

$$p_t=(1-\rho)p_t^{\#}+\rho p_{t-1}$$

由上面，将 $p_t^{\#}$ 代入上式得：

$$p_t=(1-\rho)(1-\gamma)\sum_0^{\infty}\gamma^s E_t p_{t+s}^*+\rho p_{t-1}$$

进而得出通货膨胀方程：

$$\pi_t=(1-\rho)(1-\gamma)\sum_0^{\infty}\gamma^s E_t(p_{t+s}^*-p_{t+s-1}) \qquad (5-16)$$

或者以递归形式表示：

$$\pi_t=(1-\rho)(1-\gamma)(p_t^*-p_{t-1})+\gamma E_t\pi_{t+1} \qquad (5-17)$$

同前两种定价模型一样，这仍然是一个前向型方程。

式（5-17）表明，在 t 期，价格的实际变化与"期望"的价格变化 $p_t^*-p_{t-1}$ 和预期将来价格的变化有关。在稳定状态时，实际价格水平等于"期望"水平，即 $p_t^*=p_{t-1}$，通货膨胀率为 0。

5.1.4　价格水平的动态性

卡沃模型和最优动态调整模型具有相同的形式，只是系数的解释说明不同。泰勒模型也具有相似的动态结构，只是预期未来通货膨胀的系数有所差别。上述三种定价模型可以用一个价格方程的一般形式表示为：

$$\pi_t = \alpha\pi_t^* + \beta E_t\pi_{t+1}, \ |\beta| \leqslant 1 \qquad (5-18)$$

这里，$\pi_t = \Delta p_t$，$\pi_t^* = p_t^* - p_{t-1}$，

由于采用前向型定价方式：

$$\pi_t = \alpha\sum_{s=0}^{\infty}\beta^s E_t\pi_{t+s}^*$$

式（5-18）在形式上似乎没有价格黏性。我们以价格水平形式重写该方程：

$$\Delta p_t = \alpha(p_t^* - p_{t-1}) + \beta E_t\Delta p_{t+1} \qquad (5-19)$$

或者： $\quad -\beta E_t p_{t+1} + (1+\beta)p_t - (1-\alpha)p_{t-1} = \alpha p_t^* \qquad (5-20)$

这是一个二阶差分方程。利用滞后算子：

$$-A(L)L^{-1}p_t = \alpha p_t^*$$

式（5-20）的辅助方程是：

$$A(L) = \beta - (1+\beta)L + (1-\alpha)L^2 = 0$$

当 $A(1) = -\alpha < 0$ 时，解是一个鞍路径。

如果 $|\lambda_1| \geqslant 1$，$|\lambda_2| < 1$，那么解为：

$$(1-\alpha)\lambda_1\left(1 - \frac{1}{\lambda_1}L\right)(1 - \lambda_2 L^{-1})p_t = \alpha p_t^*$$

或作为部分调整模型：

$$\Delta p_t = \left(1 - \frac{1}{\lambda_1}\right)(p_t^{\#} - p_{t-1}) \qquad (5-21)$$

$$p_t^{\#} = \frac{\alpha}{(1-\alpha)(\lambda_1 - 1)}\sum_{s=0}^{\infty}\lambda_2^s E_t p_{t+s}^* \qquad (5-22)$$

如果预期是静态的，$E_t p_{t+s}^* = p_t^*$，那么：

$$p_t^{\#} = \frac{\alpha}{(1-\alpha)(\lambda_1 - 1)(1 - \lambda_2)}p_t^* = p_t^* \qquad (5-23)$$

式（5-21）、式（5-23）表明，随着一个短暂的或永久的对均衡的扰动，价格水平的调整是需要时间的，即价格是黏性的。

如果价格是完全弹性的，即价格可以瞬间调整，就要求 $\lambda_1 = 1$，暗含地，$\lambda_2 = \frac{\beta}{(1-\alpha)}$，如果重写式（5-19），可得：

$$\Delta p_t = \left(\frac{\alpha}{1-\alpha}\right)(p_t^* - p_t) + \frac{\beta}{1-\alpha}E_t\Delta p_{t+1} \qquad (5-24)$$

这就要求 $\alpha = 1$，考虑卡沃模型的参数，则要求 $a = \infty$。

在长期均衡中，我们期望价格水平的解是：$p_t = p_t^*$，但是要由式（5 - 24）得出此解，就必须满足长期通货膨胀为零或者 $\dfrac{\beta}{(1 - \alpha)} = 1$。如果 $\dfrac{\beta}{(1 - \alpha)} \neq 1$ 和长期通货膨胀率为 π，那么，为了得到长期解 $p_t = p_t^*$，式（5 - 24）必须包含一个横截项，这样方程变为：

$$\Delta p_t = -\left(1 - \frac{\beta}{1 - \alpha}\right)\pi + \frac{\alpha}{1 - \alpha}(p_t^* - p_t) + \frac{\beta}{1 - \alpha}E_t\Delta p_{t+1} \quad (5 - 25)$$

在卡沃模型中，长期中 $p_t = p_t^*$，只要满足 $\pi = 0$ 或当 $\pi > 0$ 时，能够调整到均衡状态的概率为 1，即 $\rho = 1$。类似地，在最优调整模型中，要求满足 $\pi = 0$ 或当 $\pi > 0$ 时，贴现率 $\beta = 1$。

5.2　NKPC 基准模型

NKPC 模型也可以通过垄断竞争市场经济条件下经济主体的最优化行为推导出来。这里采用狄克斯特和斯蒂格利茨[①]（Dixit and Stiglitz，1977）关于垄断竞争的基本模型。假定经济中存在家户和厂商，家户提供劳动并购买商品用于消费。厂商雇佣劳动进行生产并提供差别化的产品，每个厂商都具有为其产品定价的能力，但是并非所有厂商在每一期都重新设定价格。家户和厂商都追求最优化，家户追求效用最大化，厂商追求利润最大化或损失最小化，在两者的最优化行为中可以得出 NK-PC 模型。

5.2.1　家户

家户所消费的差别化产品是连续分布的，C_i 为家户消费中的 i 产品的数量，其由厂商 i 生产，$i \in [0, 1]$。

家户的复合消费为：

---

① Dixit, Avinash K. and Stiglitz, Joseph E.. Monopolistic Competition and Optimum Product Diversity. American Economic Review, June, 1977, 67（3）：297 - 308.

$$C_t = (\int_0^1 C_{it}^{\frac{\sigma-1}{\sigma}} di)^{\frac{\sigma}{\sigma-1}}$$

其中，σ 为不同产品间的替代弹性。通过求解下面的消费最小化问题，可以得到产品 C_i 的需求数量。

$$\min E_t \equiv \int_0^1 P_{it} C_{it} di$$

$$s.t. \ (\int_0^1 C_{it}^{\frac{\sigma-1}{\sigma}} di)^{\frac{\sigma}{\sigma-1}} = C_t$$

其中，P_{it} 是 t 期产品 i 价格。一般价格水平 P_t 由 $E_t = P_t C_t$ 来定义。由一阶条件可以得到：

$$P_t = (\int_0^1 P_{it}^{1-\sigma} di)^{\frac{1}{1-\sigma}}$$

产品 i 的需求方程式（5-26）：

$$C_{it} = C_t \left(\frac{P_{it}}{P_t}\right)^{-\sigma} \tag{5-26}$$

5.2.2　厂商定价

假定厂商采用卡沃模型定价。经济中所有厂商除了它们所提供的产品有所差别外，都是相同的。每个厂商根据外生的信号来决定是否重新设定价格。假定在每一给定时期每个厂商以固定的概率 $1-\rho$ 调整其价格，这里的概率 $1-\rho$ 是外生给定的，厂商保持其价格不变的概率则为 ρ。由于厂商是同质的，在稳态中它们有相同的一般价格水平。

假定所有厂商中，在 t 期调整其价格的厂商为 i(a)，保持价格不变的厂商为 i(u)，则调整后的一般价格水平为：

$$P_t = \left[\int_0^1 P_{i(a)t}^{1-\sigma} di(a) + \int_0^1 P_{i(u)t}^{1-\sigma} di(u)\right]^{\frac{1}{1-\sigma}}$$

其中，$P_{i(a)t} = P_t^{\#}$，$P_{i(u)t} = P_{t-1}(i) = P_{t-1}$，于是：

$$P_t = \left[\int_0^1 (P_t^{\#})^{1-\sigma} di(a) + \int_0^1 P_{t-1}^{1-\sigma} di(u)\right]^{\frac{1}{1-\sigma}}$$

$$= \left[(P_t^{\#})^{1-\sigma} \int_0^1 di(a) + P_{t-1}^{1-\sigma} \int_0^1 di(u)\right]^{\frac{1}{1-\sigma}}$$

$$= \left[(1-\rho)(P_t^{\#})^{1-\sigma} + \rho P_{t-1}^{1-\sigma}\right]^{\frac{1}{1-\sigma}}$$

在稳态附近对数线性化上面方程，$P_t = P_{t-1} = Z_t = P^*$，可以得到一

般价格水平:

$$p_t = \rho p_{t-1} + (1-\rho) p_t^{\#} \qquad (5-27)$$

这里,小写字母表示变量偏离其稳态值的百分比。

5.2.3 最优价格的设定

对厂商来讲,设定最优价格的方式主要有两种:一是利润最大化方法;二是损失最小化方法。

5.2.3.1 利润最大化方法

当厂商决定调整其价格时,就需要决定重新设定价格的最优水平。每个厂商通过选择最优价格水平以最大化其期望的实际利润的现值。

$$E_t\left(\prod(i)\right) = E_t\left\{ \sum_{k=0}^{\infty} \sum_{j=0}^{k} \left[B(k,j)\beta^k \rho^{k-j}(1-\rho)^j \right. \right.$$

$$\left. \left. \frac{P_{i+j}^{\#}C_{it+k}(P_{t+j}^{\#}) - TC(C_{it+k}(P_{t+j}^{\#}))}{P_{t+k}} \right] \right\} \qquad (5-28)$$

其中,$B(k,j)$ 是产品组合的数目,$TC(C_{it+k}(P_{t+j}^{\#}))$ 是总成本方程,对各个时期和所有厂商来讲,方程形式不变,β 是贴现因子。

在垄断竞争情形下,将需求方程式(5-26)代入式(5-28):

$$E_t\left(\prod(i)\right) = E_t\left\{ \sum_{k=0}^{\infty} \sum_{j=0}^{k} \left[B(k,j)\beta^k \rho^{k-j}(1-\rho)^j (C_{t+k}P_{t+k}^{\sigma-1}(P_{i+j}^{\#})^{1-\sigma} - \right. \right.$$

$$\left. \left. P_{t+k}^{-1}TC(C_{t+k}P_{t+k}^{\sigma}(P_{t+j}^{\#})^{-\sigma})) \right] \right\}$$

关于 Z_t 求取微分,得出一阶条件:

$$E_t\left[\sum_{k=0}^{\infty} (\beta\rho)^k ((1-\sigma)C_{t+k}P_{t+k}^{\sigma-1})(P_t^{\#})^{-\sigma} + \right.$$

$$\left. \sigma C_{t+k}P_{t+k}^{\sigma-1}(P_t^{\#})^{-\sigma-1}MC_{t+k} \right] = 0$$

MC_t 是名义边际成本,由上式可以求解最优价格水平 $P_t^{\#}$:

$$P_t^{\#} = \frac{\sigma}{\sigma-1} \frac{E_t\left[\sum\limits_{k=0}^{\infty} (\beta\rho)^k C_{t+k}P_{t+k}^{\sigma-1}MC_{t+k} \right]}{E_t\left[\sum\limits_{k=0}^{\infty} (\beta\rho)^k C_{t+k}P_{t+k}^{\sigma-1} \right]}$$

给定长期价格、产出和名义边际成本水平 P^*、Y^* 和 MC^*,围绕稳态对数线性化上面方程。

定义变量 $P_t^{\#}$ 对其稳态值的对数化偏离为 $p_t^{\#}$，且 $p_t^{\#} = \hat{P}_t^{\#} \equiv \log P_t^{\#} -$ $\log P^*$，当变化很小时，即 $\dfrac{(P_t^{\#} - P^*)}{P^*}$ 很小时，有：

$$p_t^{\#} \equiv \hat{P}_t^{\#} \equiv \log P_t^{\#} - \log P^* = \log\left(\frac{P_t^{\#}}{P^*}\right)$$

$$= \log\left(1 + \frac{P_t^* - P^*}{P^*}\right) \approx \frac{P_t^{\#} - P^*}{P^*}$$

由此规则：

$$p_t^{\#} = \hat{P}_t^{\#} = \left[E_t\left(\sum_{k=0}^{\infty} (\beta\rho)^k C_{t+k} P_{t+k}^{\rho-1} MC_{t+k} \right) \right] -$$

$$\left[E_t\left(\sum_{k=0}^{\infty} (\beta\rho)^k C_{t+k} P_{t+k}^{\sigma-1} \right) \right] = \hat{P}_{t1}^{\#} - \hat{P}_{t2}^{\#}$$

$$\hat{P}_{t1}^{\#} = \left[E_t\left(\sum_{k=0}^{\infty} (\beta\rho)^k C_{t+k} P_{t+k}^{\rho-1} MC_{t+k} \right) \right]$$

$$= E_t \sum_{k=0}^{\infty} \left[\left(\frac{(\beta\rho)^k C^* P^{*\sigma-1} MC^*}{P_1^{\#*}} \right) \left((\beta\rho)^k C_{t+k} P_{t+k}^{\sigma-1} MC_{T+K} \right) \right]$$

$$\tag{5-29}$$

这里 $P_1^{\#*} = E_t\left(\sum_{k=0}^{\infty} (\beta\rho)^k C^* P^{*\sigma-1} MC^* \right) = \dfrac{C^* P^{*\sigma-1} MC^*}{(1-\beta\rho)}$

有：$\hat{P}_{t1}^{\#} = E_t \sum_{k=0}^{\infty} \left[(1-\beta\rho)(\beta\rho)^k (\hat{C}_{t+k} + (\sigma-1)\hat{P}_{t+k} + M\hat{C}_{t+k}) \right]$

$$= E_t \sum_{k=0}^{\infty} \left[(1-\beta\rho)(\beta\rho)^k (c_{t+k} + (\sigma-1)p_{t+k} + mc_{t+k}) \right]$$

同理解得：

$$\hat{P}_{t2}^{\#} = E_t \sum_{k=0}^{\infty} \left[(1-\beta\rho)(\beta\rho)^k (c_{t+k} + (\sigma-1)p_{t+k}) \right]$$

可得：

$$p_t^{\#} = (1-\beta\rho) \sum_{k=0}^{\infty} (\beta\rho)^k E_t mc_{t+k} \tag{5-30}$$

式（5-30）表明，设定的最优价格是边际成本的期望贴现值。在追求利润最大化过程中，一般价格水平 P_t 和总需求 Y_t 对所有厂商来说都是给定的。

5.2.3.2　损失最小化方法

定义如下损失方程：

$$L = E_t \left(\sum_{k=0}^{\infty} (\beta\rho)^k (p_t^{\#} - p_{t+k}^{*})^2 \right) \qquad (5-31)$$

当不存在价格刚性情形下 p_{t+k}^{*} 是 $t+k$ 期的价格水平，变量的小写形式表示原始变量的对数值（注意：这与上一部分的规定不同）。

求取一阶条件：

$$2E_t \left(\sum_{k=0}^{\infty} (\beta\rho)^k (p_t^{\#} - p_{t+k}^{*}) \right) = 0 \qquad (5-32)$$

由此式可以得出设定的最优价格水平：

$$p_t^{\#} = (1 - \beta\rho) \sum_{k=0}^{\infty} (\beta\rho)^k E_t p_{t+k}^{*} \qquad (5-33)$$

如果不存在价格刚性，p^{*} 是最大化利润 $P_t^{*} C_{it}$ 的价格水平。通过简单计算，$P_t^{*} = \mu MC_t$，其中 $\mu = \dfrac{\sigma}{(\sigma-1)}$，是垄断竞争经济中的加成因素。这样，$p_t^{*} = mc_t + \mu^p$，$\mu^p = \log\left(\dfrac{\sigma}{(\sigma-1)} \right)$。

将 p_t^{*} 代入式（5-33）得到：

$$p_t^{\#} = (1 - \beta\rho) \sum_{k=0}^{\infty} (\beta\rho)^k E_t (mc_{t+k} + \mu^p) \qquad (5-34)$$

在稳态时，有：

$$p_t^{\#*} = (1 - \beta\rho) \sum_{k=0}^{\infty} (\beta\rho)^k E_t (mc_{t+k}^{*} + \mu^p)$$

将上式代入式（5-34）可得：

$$p_t^{\#} - p_t^{\#*} = (1 - \beta\rho) \sum_{k=0}^{\infty} (\beta\rho)^k E_t (mc_{t+k} - mc_{t+k}^{*})$$

此式与最大化利润方法得出的结果相同。

5.2.4　NKPC 模型

式（5-30）的递归形式为：

$$p_t^{\#} = (1 - \beta\rho) mc_t + \beta\rho E_t p_{t+1}^{\#} \qquad (5-35)$$

由卡沃定价可知：

$$p_t = (1 - \rho) p_t^{\#} + \rho p_{t-1}$$

则有：

$$p_t^{\#} = \frac{p_t - \rho p_{t-1}}{1 - \rho} \qquad\qquad (5-36)$$

通货膨胀率 $\qquad\qquad \pi_t = p_t - p_{t-1} \qquad\qquad (5-37)$

由式（5-35）、式（5-37）可以推导出下式：

$$\frac{(p_t - p_{t-1}) + (1-\rho)p_{t-1}}{1-\rho} = (1-\beta\rho)mc_t + \beta\rho E_t \frac{(p_{t+1} - p_t) + (1-\rho)p_t}{1-\rho}$$

由此式推导：

$$\pi_t + (1-\rho)p_{t-1} = (1-\rho)(1-\beta\rho)mc_t + \beta\rho E_t\pi_{t+1} + \beta\rho(1-\rho)p_t$$

$$\rho\pi_t = (1-\rho)(1-\beta\rho)\lambda mc_t + \beta\rho E_t\pi_{t+1}$$

解得：

$$\pi_t = \beta E_t\pi_{t+1} + \lambda mc_t \qquad\qquad (5-38)$$

其中，$\lambda = \dfrac{(1-\rho)(1-\beta\rho)}{\rho}$。

　　这就是新凯恩斯菲利普斯曲线（NKPC），从该曲线方程可以看出，通货膨胀率决定于两方面因素，即期望通货膨胀率和实际边际成本（式中小写变量表示对数偏离形式）。

　　同理由式（5-34）的递归形式：

$$p_t^{\#} = (1-\beta\rho)(mc_t + \mu^p) + \beta\rho E_t p_{t+1}^{\#}$$

可以推导出对数形式的 NKPC：

$$\pi_t = \beta E_t\pi_{t+1} + \lambda(mc_t + \mu^p) \qquad\qquad (5-39)$$

这里小写代表变量的对数形式。

5.3　NKPC 基准模型的扩展——混合 NKPC 模型

5.3.1　通货膨胀持续性的挑战

　　从形式上看，NKPC 模型与三角模型相比缺少了供给冲击因素。NKPC 模型的政策含义在反通货膨胀方面与三角模型有根本的不同。在 NKPC 模型中没有后向型惯性，就是说通货膨胀对其滞后值不存在结构性依赖。相反地，通货膨胀完全由前向型预期来推动。中央银行可信的货币政策承诺可以无成本地控制通货膨胀，使之与最小化未来产出成本的政策相一致。

然而，通货膨胀的持续采取长期滞后通货膨胀率的形式，是战后美国通货膨胀的核心特征。在美国，通货膨胀预期没有明显的突变，只是当一些广为人知的供给冲击发生时，如 1973～1975 年、1979～1981 年和 2006～2008 年石油价格的剧烈波动，通货膨胀预期才出现较大变化。在没有供给冲击的条件下，通货膨胀率由通货膨胀惯性来支配，政策制定者面临的一个挑战是如何通过直接地更改公众预期来减少通货膨胀。政策制定者如何使公众确信通货膨胀会自发地减少，同时又不承担高失业率和产出损失的成本。

在实践中，NKPC 方程往往采用若干滞后期通货膨胀和失业缺口回归。正如弗若（Fuhrer，1997）所指出的，包括前向预期的模型区别于纯后向模型的唯一意义在于其对后向型变量的系数施加了限制，在 2SLS 估计的第一阶段，这些后向型变量作为不可观测的将来预期的代理变量被使用。

通货膨胀持续性的挑战使 NKPC 模型得以扩展为混合 NKPC 模型。NKPC 混合模型主要包括弗若和莫尔（1995）、加利和格特勒（1999）、罗伯茨（Roberts，2006）等模型。这里主要介绍加利和吉特勒的模型，简称 GG 混合模型。

5.3.2　GG 混合模型

加利和格特勒扩展了基准模型关于厂商定价行为的假定。假定垄断竞争厂商存在两种定价行为，一是前向型定价，也就是基准模型中的定价方式。二是后向型定价，即一部分厂商根据以前时期（主要是上一期）的价格来设定价格。

具体假定，比例为 $1-\omega$ 的厂商采取卡沃模型中的前向型定价行为，它们根据给定的调整时间约束和预测未来边际成本的可用信息来最优化地设定价格。余下比例为 ω 的厂商采用后向型定价行为，以近期价格总水平为基础来设定价格。

当期价格总水平为：

$$p_t = \rho p_{t-1} + (1-\rho)\overline{p}_t^* \qquad (5-40)$$

$\overline{p}_t^*$ 表示 t 期新设定的价格水平。

以 p_t^f 表示 t 期后向型定价厂商设定的价格，p_t^b 表示 t 期前向型定价厂商设定的价格，则新设定的价格指数表示为：

$$\bar{p}_t^* = (1 - \omega) p_t^f + \omega p_t^b \qquad (5-41)$$

前向型定价厂商的行为与基准的卡沃模型所设定的相同，即有：

$$p_t^f = (1 - \beta\rho) \sum_{k=0}^{\infty} (\beta\rho)^k E_t (mc_{t+k}^n) \qquad (5-42)$$

假定后向型定价厂商遵循"拇指规则"，其具有两个特征：（1）该规则与最优化行为不存在持续的偏离，即在一个稳定状态的均衡中，这个规则与最优化行为是一致的。（2）在给定的时期 t，遵循该规则设定的价格只取决于 t-1 期或更早期的价格信息。同时假定该厂商无法判断其他竞争厂商采用哪种定价行为。

由此有：

$$p_t^b = \bar{p}_{t-1}^* + \pi_{t-1} \qquad (5-43)$$

式（5-43）表明，后向型厂商在 t 期设定的价格取决于两个因素：t-1 期调整的价格和 t-1 期的通货膨胀。更主要的是，该式以一种简单的方式建立了滞后一期通货膨胀率和当期通货膨胀率之间的联系。

由式（5-40）、式（5-43）可以推得：

$$\pi_t = \lambda mc_t + \gamma_f E_t \pi_{t+1} + \gamma_b \pi_{t-1} \qquad (5-44)$$

$$\lambda \equiv (1 - \omega)(1 - \rho)(1 - \beta\rho)\phi^{-1}$$

$$\gamma_f \equiv \beta\rho\phi^{-1}$$

$$\gamma_b \equiv \omega\phi^{-1}$$

$$\phi \equiv \rho + \omega[1 - \rho(1 - \beta)]$$

参数 ρ 表示价格黏性的程度，ω 表示价格设定"后向性"的程度，β 是贴现因子。这就是混合 NKPC 模型。

当 $\omega = 0$ 时，所有厂商都是前向型的，模型就是前面所述的基准 NKPC 模型。

5.3.3　对混合 NKPC 模型的评价

混合 NKPC 模型的实证研究结果表明：第一，实际边际成本作为通货膨胀的决定因素具有统计上和数量上的显著性；第二，前向型规则是厂商定价行为所遵循的主要规则，因为 γ_f 显著地大于 γ_b；第三，后向性行为具有统计上的重要性，但是不具备数量上的显著性；第四，NKPC 模型提供了一个对实际通货膨胀动态性的良好的和具有稳健性的估计。

罗伯茨（2001）认为混合 NKPC 模型得出的结果取决于把平均劳动生产率作为边际劳动生产率的一个测度，就其本质而言，这是非常顺周期。罗伯茨（Roberts，2001）认为当使用实际劳动成本变量时，模型得出的结果不能全面地反映经济现象，而传统的菲利普斯曲线模型在全面维度的边际成本上反映了经济活动的效果。此外，罗伯茨的发现表明包含通胀滞后的通货膨胀模型具有更好的适用性，从而拒绝纯粹理性预期的假设。

卢达和维兰（Rudd and Whelan，2001）、林达（2001）认为混合 NKPC 模型不足以从经验上估计通货膨胀的动态性。他们的研究表明，使用产出缺口或者劳动收入的模型不能描述简化形式的通货膨胀方程。在通货膨胀方程的简化形式中，通胀滞后被作为驱动变量预期值的代理变量使用，而在预测劳动收入和产出缺口的未来值中，通货膨胀的作用很小，这两者是矛盾的。弗若和莫尔（1995）认为 NKPC 的交错合同模型不能解释通过数据观测到的通货膨胀持续性。

混合 NKPC 模型主要采用 GMM 方法来进行实证分析。在估计过程中采用理性预期的假设来处理不可观测的通货膨胀预期变量，即 t + 1 期实际的通货膨胀率等于 t 期基于所有可以利用的信息对 t + 1 期通货膨胀的预期值加上预期误差。GMM 估计方法通过工具变量的选择可以避免模型中可能存在的内生性问题，使估计结果具有统计一致性。林达（2005）使用非线性两阶段最小二乘法（NLS）方法和完全信息极大似然估计（FIML）方法进行估计，研究结果证实了加利和格特勒（1999）的实证分析思路和方法存在缺陷，结果表明实际 GDP 缺口作为通货膨胀的驱动因素具有显著性，而通货膨胀预期因素相对并不显得那么重要。

混合 NKPC 模型的 GMM 估计中工具变量的选择，尤其是工具变量的数量对估计结果影响很大。由于样本大小的约束，估计结果对于工具变量的数量和强弱程度非常敏感，工具变量问题是估计过程中的一个关键性技术。尽管现在已经应用了多种估计方法，广义矩方法凭借其在处理通货膨胀预期变量方面的优势，仍然是混合 NKPC 模型实证分析的最主要方法。

第6章 新凯恩斯黏性信息菲利普斯曲线

　　总需求对产出和通货膨胀的动态效应一直是宏观经济学的一个理论难题，利用时间依存价格调整的 NKPC 模型广泛地应用于货币政策的理论分析。但随着研究的深入，逐渐意识到 NKPC 模型很难与经济实际相一致。鲍尔（1994a）的研究显示，根据 NKPC 模型，中央银行公开宣布的、可信的反通货膨胀措施导致经济繁荣而非衰退，这是一个令人惊奇的结论。弗若和莫尔（1995）认为该模型不能对通货膨胀惯性做出充分的解释。曼昆（2001）认为 NKPC 模型不能很好地解释为什么对货币政策的冲击会对通货膨胀产生一个滞后的和渐进的影响。所有这些问题产生的根源在于：虽然 NKPC 模型中的价格水平是黏性的，但是通货膨胀率却能够迅速发生变化。与理论分析相对应，大量对通货膨胀过程的经验分析表明"通货膨胀惯性"是解释通货膨胀的一个重要因素。

　　鉴于此，NKPC 模型的一个发展方向是通过引入黏性信息分析而放弃黏性价格的分析框架，进而发展出新凯恩斯黏性信息菲利普斯曲线。

6.1　核心思想和理论渊源

6.1.1　核心思想

　　曼昆和瑞斯（2002）提出一个新的模型来解释总需求对产出和价格水平的动态效应。该模型的本质在于关于宏观经济情况的信息在公众中的传播是缓慢的，即信息是黏性的。信息传播缓慢的原因在于：一是获取相关信息存在成本；二是根据新信息重新进行最优化存在成本。虽然一般价格水平一直处于变化之中，但是由于信息是黏性的，厂商进行价格调整决策并非总是基于当前最新的信息，部分厂商是基于过时的信息做出调价决策。相对于作为 NKPC 建立基础的黏性价格模型，该模型称为黏性信息模型，基于该模型的菲利普斯曲线，称为黏性信息菲利普斯曲线。

曼昆和瑞斯（2002）模型的核心思想是每个厂商在每一期都调整其价格，只有部分厂商获得当前经济状态的有关信息。每个厂商在每一期以固定的概率更新其信息集，否则，厂商会继续使用过期信息。正是模型的这个特征产生理想的通货膨胀惯性。

6.1.2　理论渊源

黏性信息菲利普斯曲线模型的理论渊源主要有两个。其一，该模型融合了卢卡斯（1973）模型中的不完全信息因素和卡沃（1983）模型中的随即调整因素。模型假设在每一时期，一定比例的经济个体根据经济的当前状态更新信息并以此为基础计算最优化的价格。剩余的经济个体继续以原计划和过时的信息为基础设定价格。其二，在内涵上，黏性信息模型与费希尔（Fischer, 1977）的契约模型更为相近。在费舍尔模型中，当期价格水平取决于很久之前形成的对当期价格水平的预期。那些预期之所以重要，因为在签订的合同中包含了预期因素。在黏性信息模型中，预期之所以重要，是因为部分价格设定者仍然根据旧的计划和旧的信息设定价格。

6.2　黏性信息理论

6.2.1　黏性信息和理性疏忽

理性疏忽方法（rational inattentive approach）是黏性信息理论的基本分析方法。黏性信息和理性疏忽具有相同的假设前提和相同的理论特征，两者假设信息的获取和传播是有成本的，信息更新是缓慢的。在理论上，二者延续了有限理性思想，超越了理性预期理论和黏性价格理论的分析框架。

有限信息的理性疏忽方法正在融入成熟的宏观经济学模型，这种方法的基本思想是：经济个体具有理性预期，然而由于信息的获取、吸收和处理都存在成本，这些预期只是偶尔被更新。信息应该被作为一种有成本的商品来看待，由此信息是黏性的并且在这种疏忽经济中的扩散是缓慢的。近些年，理性疏忽分析方法被广泛地应用于消费行为、雇员行为、生产者行为和投资者行为的分析。

西姆斯（Sims，1998）对理性疏忽思想进行了论述，由于在有限的时间内，经济个体需要考虑诸多事情，他们只能拿出有限的精力用于收集和分析数据。因此，经济个体不会频繁地设定价格或根据市场条件的每一个变化都重新设定价格，也就是说价格设定者来不及根据每一个扰动因素都及时地作出价格调整。以此为基础，西姆斯（2002）正式提出理性疏忽理论，并引入能力约束替代调整成本。

曼昆和瑞斯（2002）在厂商价格设定模型中首次运用理性疏忽方法，并推导出一条黏性信息菲利普斯曲线。该模型并非一个成熟的DSGE模型，基本上还只是一个缺乏微观基础的价格设定模型，模型中对总需求和货币政策两者的表示形式也非常简单。这是黏性信息理论的早期模型。

曼昆和瑞斯（2003）对早期模型加以扩展，并将黏性信息假设运用于劳动市场，从而对可观测的失业的代理变量作出了解释。鲍尔、曼昆和罗默（2005）讨论了早期模型中的最优货币政策，发现价格水平目标制是最优的。瑞斯（2006）为一个基于理性疏忽的生产者行为模型提供了微观基础。曼昆和瑞斯（2006）建立了一个宏观经济周期模型，理性疏忽方法运用于价格和工资设定及消费分析。认为在描述一些经济波动的关键性事实方面，这种包括普遍黏性的模型优于不包括信息摩擦的基准经典模型和只包括一小部分黏性的模型。

克里（2005）运用 ML（极大似然）方法估计了一个线性混合形式的黏性信息菲利普斯曲线，其中部分厂商遵循拇指规则（经验规则）设定价格。结果表明，与纯粹的前向型 NKPC 模型相比，该模型的残差表现出更少的序列相关性，从贝叶斯准则和 R^2 看，该线性模型能够更好地拟合数据。

瑞斯（2006）将连续时间引入早期模型，更为重要的是，他为黏性信息菲利普斯曲线模型提供了微观基础。瑞斯所作的唯一的假设是获取、吸收和处理与形成预期和作出决策有关的信息存在成本。通过求解此约束下的一个标准的利润最大化问题，发现疏忽是对这种成本的最优反应。经济个体会理性地选择更新其信息集和计划，由于存在信息成本，该行为不会经常性发生。

疏忽的持续时间一方面取决于计划的成本，另一方面取决于疏忽导致的成本积累速度。比较大的计划成本会导致比较长的疏忽持续期间，而比较快的疏忽成本积累速度会缩短疏忽的持续时间。瑞斯注意到，疏忽导致的成本随经济的波动而上升，这表明经济波动性越强，计划的更新也就越频繁。这个经验性评述更适合小型的开放经济，对于较大的封闭经济该评述趋于不稳定。

理性疏忽方法表明，黏性信息理论的经济人获取、吸收和处理信息的能力是有限的，继续使用过时的信息就是对现时信息的疏忽，而这种疏忽又是一种理性的行为，以局部信息或过时的信息代替全局信息或现时信息是经济个体的理性选择。

6.2.2　黏性信息理论的简要评价

新凯恩斯主义框架下的黏性信息理论实际是经济体系中名义刚性问题的一个重大理论进展。构建宏观经济学的微观基础是经济学的重要研究课题，垄断竞争理论、黏性价格和黏性工资理论使得菲利普斯曲线模型越来越符合经济运行的实际。黏性信息理论在此基础上，强调经济体系中普遍存在的信息黏性现象，模型中经济个体的经济行为更加具有现实性和可信性。从而丰富了宏观经济学的微观基础内容。

黏性信息模型以理性疏忽为根本性前提，将黏性信息纳入 DSGE 模型的分析框架，从而将凯恩斯主义经济学的非均衡分析框架和瓦尔拉斯的一般均衡分析框架综合起来，同时将微观经济个体的行为和宏观分析结合起来。该模型可以有效地解释宏观经济的波动，模型中包含的菲利普斯曲线为通货膨胀问题的研究提供了一种崭新的分析工具和思路。

6.3　黏性信息菲利普斯曲线基准模型（SIPC）

曼昆和瑞斯（2002）最早提出黏性信息菲利普斯曲线模型，在模型中，每个厂商在每个时期都设定价格，但是在长期中，厂商收集信息和计算最优价格的行为是缓慢的。

假定每个厂商每一时期获取新信息并更新定价计划的概率是相同的，假设为 λ，这样，在每一时期，比例为 λ 的厂商获取有关经济状况的信息并计算最优价格的新路径，其他比例为 $1 - \lambda$ 的厂商继续根据旧的计划和过时的信息设定价格。

厂商的预期价格：

$$p_t^* = p_t + \alpha y_t \tag{6-1}$$

其中，p^* 为厂商的预期价格，该价格由厂商在当期最大化其利润得到。小写表示变量的对数形式。

式（6-1）表明厂商的预期价格取决于总价格水平 p 和产出 y。在这里，潜在产出看作是 0，所以 y 可以被解释为产出缺口。厂商的相对预期价格 $p^* - p$ 在经济繁荣时上升，在经济衰退时下降。

根据布兰查德和清泷信弘（Blanchard and Kiyotaki, 1987）的研究推出式（6-1）。假设一个经济体系全部是由垄断竞争厂商构成，并且厂商是同质的。当经济进入繁荣时，每个厂商对产品的需求都会增加。因为边际成本随着产出水平的增加而提高，更大的需求意味着每个厂商都愿意提高自己的相对价格。

在模型中，仍然使用 j 时期之前的旧信息的厂商设定的价格为：

$$x_t^j = E_{t-j} p_t^* \tag{6-2}$$

总价格水平是经济体系中所有厂商价格的平均：

$$p_t = \lambda \sum_{j=0}^{\infty} (1 - \lambda)^j x_t^j \tag{6-3}$$

由式（6-1）、式（6-3）可以推得：

$$p_t = \lambda \sum_{j=0}^{\infty} (1 - \lambda)^j E_{t-j}(p_t + \alpha y_t) \tag{6-4}$$

在这个方程中，存在非常明显的短期菲利普斯曲线：产出与价格波动明确相关。

将式（6-4）中求和式的第一项分离出来，可得：

$$p_t = \lambda(p_t + \alpha y_t) + \lambda \sum_{j=0}^{\infty} (1-\lambda)^{j+1} E_{t-1-j}(p_t + \alpha y_t) \quad (6-5)$$

由式（6-4），前一期的价格水平为：

$$p_{t-1} = \lambda \sum_{j=0}^{\infty} (1-\lambda)^j E_{t-1-j}(p_{t-1} + \alpha y_{t-1}) \quad (6-6)$$

式（6-5）、式（6-6）合并整理得：

$$\pi_t = \lambda(p_t - \alpha y_t) + \lambda \sum_{j=0}^{\infty} (1-\lambda)^j E_{t-1-j}(\pi_t + \alpha g_t) -$$

$$\lambda^2 \sum_{j=0}^{\infty} (1-\lambda)^j E_{t-1-j}(p_t + \alpha y_t) \quad (6-7)$$

这里 $g_t = y_t - y_{t-1}$，为产出增长率。

变形式（6-5），可得：

$$p_t - \left[\frac{\alpha\lambda}{(1-\lambda)}\right] y_t = \lambda \sum_{j=0}^{\infty} (1-\lambda)^j E_{t-1-j}(p_t + \alpha y_t) \quad (6-8)$$

以式（6-8）替换式（6-7）中的最后一项，整理可得：

$$\pi_t = \left[\frac{\alpha\lambda}{(1-\lambda)}\right] y_t = \lambda \sum_{j=0}^{\infty} (1-\lambda)^j E_{t-1-j}(\pi_t + \alpha g_t) \quad (6-9)$$

方程表明，通货膨胀率取决于产出、通货膨胀预期和产出增长率预期，这个方程称为黏性信息菲利普斯曲线。

注意预期的时间选择。在标准的黏性价格模型中，对将来经济状况的当期预期在通货膨胀的决定中具有重要作用。在黏性信息模型中，预期同样发挥重要作用，然而不同的是，这里的预期是在过去某时期对当期经济情况做出的预期。这个不同导致价格和产出对货币政策反应的动态方式上具有很大的差异。

黏性信息模型的一个理论优势是它能够克服"麦卡伦批评"（McCallum criticism）。麦卡伦（1998）批评标准的价格黏性模型违反自然失业率假设的严格形式，根据是"任何通货膨胀政策（货币创造计划）都不会永久性地维持高产出"。遵从卢卡斯的观点，麦卡伦认为一个国家不可能通过任何货币政策或是任何创造纸币的途径来永久性地增加其实际财富。由于一个永久性地降低通货膨胀的政策会永久性地维持高产出，所以黏性价格模型不能通过这个检验。与之相对照，黏性信息模型满足这个严格的自然失业率假设。

6.4　黏性价格和黏性信息的融合——双黏性模型（DSPC）

　　基于理性疏忽方法的黏性信息菲利普斯曲线与基于价格黏性的菲利普斯曲线，两者孰优孰劣？根据对美国宏观经济数据的经验研究发现，价格黏性与信息黏性两者不能够完全地相互替代，而将两者结合在一起能更好地解释通货膨胀。

　　多普尔、克达姆若和舒戈（2006）将价格黏性和信息黏性融合在一起，建立了一个双黏性模型。在每一个时期，只有一定比例的厂商重新设定价格，同时也只有一定比例的厂商更新它们的信息集。在价格黏性和信息黏性的共同作用下，双黏性模型的通货膨胀方程包含了通货膨胀的滞后项。从根本上看，双黏性模型能够提供更令人信服的微观基础。与 NKPC 和纯粹的黏性信息菲利普斯曲线相比，双黏性模型更好地解释了美国实际的通货膨胀。与混合 NKPC 相比，虽然两者在经验研究上具有相似的拟合优度，但是这些研究也显示，有些统计性的证据更支持双黏性模型。

6.4.1　双黏性模型

　　双黏性模型融合了黏性价格和黏性信息，该模型的结构与混合黏性价格模型非常相似，下面由混合模型开始推导双黏性模型。

　　假设每个厂商在每一期以不变的概率 $1-\gamma$ 设定价格，总价格水平 p_t 为：

$$p_t = \gamma p_{t-1} + (1-\gamma) q_t$$

即

$$\pi_t = (1-\gamma)(q_t - p_{t-1}) = \frac{1-\gamma}{\gamma}(q_t - p_t) \qquad (6-10)$$

　　其中，q_t 表示 t 时期所有新设定的价格水平指数，π_t 为 t 时期的通货膨胀率。式（6-10）中第一个等式表示，只有新设定的价格对通货膨胀是重要的。第二个等式表明了新设定的价格和黏性价格下任意期间的全部通货膨胀之间的关系。

加利和格特勒（1999）假设比例为 $1 - \phi$ 的厂商在 t 时期调整价格并最优化地设定价格。剩余的厂商是后向型的并遵循简单的拇指规则。

价格水平指数 q_t 为：

$$q_t = (1 - \phi) p_t^f + \phi p_t^b \qquad (6-11)$$

并且：

$$p_t^f = (1 - \gamma) \sum_{j=0}^{\infty} \gamma^j E_t [mc_{t+j}^n] \qquad (6-12)$$

$$p_t^b = q_{t-1} + \pi_{t-1} \qquad (6-13)$$

其中，mc_t^n 是 t 时期的名义边际成本。

将式（6-12）、式（6-13）代入式（6-11）并与式（6-10）联立可得：

$$\pi_t = \frac{1-\gamma}{\gamma} \left\{ (1-\phi)(1-\gamma) \sum_{j=0}^{\infty} \gamma^j E_t [mc_{i+j}^n - p_t] + \phi \left(\frac{1}{1-\gamma} \pi_{t-1} - \pi_t \right) \right\}$$

解上面方程得到：

$$\pi_t = \tilde{\rho} \pi_{t-1} + \zeta_1 (1-\gamma) \sum_{j=0}^{\infty} \gamma^j E_t [mc_{i+j}^n - p_t] \qquad (6-14)$$

其中，$\tilde{\rho} = \dfrac{\phi}{(\phi + \gamma - \gamma\phi)}$，$\zeta_1 = \dfrac{(1-\phi)(1-\gamma)}{(\varphi + \gamma - \gamma\phi)}$。

在混合价格黏性模型基础上，进一步将假设修订为：每个厂商在每一期以不变的概率 $1 - \gamma$ 调整价格，并且使用所有可利用信息进行最优定价的概率为 $1 - \phi$。由大数定律可以知道，比例为 $1 - \phi$ 的厂商在 t 期调整价格并最优化地设定价格，而剩余的厂商则使用过时的信息进行调整。同时为简单起见，假设各个"黏性"是相互独立的。

这里是以疏忽型的厂商代替了混合模型中的后向型厂商，它们使用过时的信息，但是仍然进行最优化地定价。这里 p_t^b 由式（6-15）给出：

$$p_t^b = (1 - \phi) \sum_{k=0}^{\infty} \phi^k E_{t-k-1} [p_t^f] \qquad (6-15)$$

这里的 p_t^b 由基于过时信息的最优化调整的价格，它是每个疏忽型厂商基于 $k+1$ 期过时信息调整的价格的加权平均，$k = 0, 1, 2, \cdots$。

拥有不同信息集的厂商呈黏性信息模型（曼昆和瑞斯，2002）中的离散分布。由式（6-11）和式（6-15），可以得到：

$$q_t = (1 - \phi) \sum_{k=0}^{\infty} \phi^k E_{t-k} [p_t^f]$$

这样，价格水平 q_t 的方程与黏性信息模型中的相同，只是在黏性信息模型中，每个厂商的价格是由后向型方式决定的。

又由：$mc_{t+j}^n = \Delta mc_{t+j}^n + mc_{t+j-1}^n$

式（6-15）可以写为：

$$p_t^b = q_{t-1} + (1-\phi)\sum_{k=0}^{\infty}\phi^k\left\{(1-\gamma)\sum_{j=0}^{\infty}\gamma^j E_{t-k-1}\left[\Delta mc_{t+j}^n\right]\right\}$$

$$(6-16)$$

比较式（6-13）和式（6-16），唯一的差别在于第二项。式（6-13）中第二项是通货膨胀滞后，式（6-16）中是基于过时信息的期望名义边际成本增长的总和贴现的加权平均。

由式（6-10）、式（6-11）、式（6-12）和式（6-16），消去 q_t，p_t^f 和 p_t^b，可以得到方程如式（6-17）所示：

$$\pi_t = \rho\pi_{t-1} + \zeta_1(1-\gamma)\sum_{j=0}^{\infty}\gamma^j E_t\left[mc_{t+j}^n - p_t\right] +$$

$$\zeta_2(1-\phi)\sum_{k=0}^{\infty}\phi^k(1-\gamma)\sum_{j=0}^{\infty}\gamma^j E_{t-k-1}\left[\Delta mc_{t+j} + \pi_{t+j}\right]$$

$$(6-17)$$

$$\rho = \gamma\tilde{\rho}, \qquad \zeta_2 = \frac{\phi(1-\gamma)}{(\gamma+\phi-\gamma\phi)}$$

其中，这里使用 $\Delta mc_{t+j}^n = \Delta mc_{t+j} + \pi_t$，其中，$mc_{t+j}$ 是实际边际成本，由 $mc_t = mc_t^n - p_t$ 给出。这就是双黏性菲利普斯曲线方程。

式（6-17）与式（6-14）相比较，可以看出双黏性模型与混合模型两者较为相似。第一，在当期通货膨胀的决定因素中，通货膨胀的滞后具有重要作用。由于 $\rho \leqslant \tilde{\rho}$，双黏性模型中的通货膨胀滞后对当期通货膨胀的效应要略微小于混合模型。第二，两个模型中的第二项都包含有名义边际成本总和的贴现。

两个模型也存在重要的区别。一个是双黏性模型包含通货膨胀惯性的另一个来源即信息延迟，这是两个模型的关键差别。这个差别表现为通货膨胀滞后效应的不同，即 $\tilde{\rho}$ 和 ρ 的不同。此外，两个模型中的通货膨胀的动态性也不相同。

实际上，双黏性菲利普斯曲线模型包含着纯粹的黏性信息模型和纯粹的黏性价格模型。如果不存在疏忽型的厂商，即 $\phi=0$，那么双黏性模型简化为黏性价格菲利普斯曲线模型。如果厂商每期都以概率1重新设定价格，即 $\gamma=0$，那么双黏性模型简化为黏性信息菲利普斯曲线模型。

6.4.2　几点结论

（1）以黏性信息完全地替代黏性价格的模型所得出的结论与经验检验结果不符合。即使考虑到信息黏性的存在，价格黏性仍具有统计上的显著性。此外，黏性价格模型在拟合优度上要优于纯粹的黏性信息模型。这些结果表明不能放弃黏性价格模型。

（2）对模型进行经验估计的结果也表明，信息黏性也具有统计上的显著性。所以也不能放弃黏性信息模型。

（3）双黏性模型与混合模型一样具有同样的拟合优度。在一般均衡模型中，两者产生极为相似的货币政策冲击的脉冲反应。双黏性模型为通货膨胀持续性提供了更为可信的微观基础。

（4）就相对重要性来讲，在说明通货膨胀动态性上，黏性价格要比黏性信息重要。

6.4.3　双黏性模型的扩展——一般均衡框架下的双黏性模型

多普尔等（2006）将价格黏性和信息黏性结合在一起建立双黏性模型，该模型比 NKPC 和纯粹的黏性信息模型更好地解释了美国实际的通货膨胀。克达姆若（2008）扩展了双黏性模型，建立了一个垄断竞争的一般均衡分析框架下的双黏性模型，并研究了双黏性模型在货币政策分析方面的含义。该研究主要进行了两个方面的工作：一是研究了双黏性模型中最优货币政策的特征。二是评估了中央银行区分双黏性模型和混合模型所具有的重要实践意义。

关于最优货币政策特征的主要发现是：第一，以霍尔（Hall，1984）提出的弹性价格目标为形式的一个简单目标规则是最优的。不管每种黏性的程度如何，不论是卡沃型黏性还是泰勒型黏性，这一点都是成立的。特别是，这暗含着从新凯恩斯主义模型中推导出来的最优目标规则在双黏性模型中也是最优的。就只一点而言，一个错误的模型（新凯恩斯主义模型）实际上得出一个正确的结论。第二，与黏性价格模型和黏性信息模型相比较，双黏性模型在其最优化过程中，作为对成本推动冲击反应的通货膨胀动态性呈现出更强的持续性。双黏性模型不是价格黏性和信息黏性的简单加总，即使在最优化过程中，价格黏性和信息黏性两者的相互作用可以产生更为丰富的经济动态性。第三，比较卡沃型黏性和泰勒型黏性两种情形，泰勒型黏性情形能够产生更强的通货膨胀持续性。

关于第二方面的工作，本书估计了中央银行正确理解双黏性模型的重要性。中央银行应该以双黏性模型作为真实的模型，而不是混合模型。通过对基于两个模型的福利方程的估计分析，结果发现两者得出的经济动态性有很大不同。

与真实的最优规则相比，一个成本推动冲击导致的价格水平和产出缺口的动态性有本质的不同。然而，中央银行基于混合模型实施最优化货币政策所产生的福利损失与基于双黏性模型相比，也不是那么大。另外，对于误差控制，中央银行选择混合模型实施货币政策所带来的福利损失是巨大的，就这一点而言，一个错误的模型（混合新凯恩斯模型）确实产生了一个错误的结论。

6.5　价格设定行为和通货膨胀持续的新经验证据

随着价格设定行为的重要性越来越为人们所认知，为了更好地理解通货膨胀持续的特征、反通货膨胀的成本和货币政策的有效性，近些年来进行了大量的经验研究，这些研究既有宏观层面的，也有微观层面的，这些研究证据也被广泛地使用。我们简要介绍运用美国和欧洲数据的经验研究中关于 NKPC 模型和价格设定行为的结论。

6.5.1　使用美国数据的经验证据

布林德等（Blinder et al.，1998）使用调查方法从经验数据上研究了价格黏性，主要得出如下结论：第一，美国经济中的价格确实存在黏性，几乎有一半的价格在一年内维持不变；第二，价格不再具有向下的刚性；第三，几乎没有厂商使用通货膨胀预期来设定价格；第四，时间依存定价和状态依存定价两种方式共存。第五，消费者关系在价格设定中非常重要。大约85%的美国非农业部门的产品和服务销售给"特定消费者"，约70%的销售是公司对公司而非公司对消费者。

布林德等讨论了这些结果对各种价格黏性理论有效性的意义。主要指出四点：协调失败、包含滞后期的基于成本的定价、非价格竞争和奥肯的隐性合同理论。特别是，他们强调协调失败，当厂商面临价格调整时，由于不确定其他厂商是否也会进行相同的调整，它们会出现犹豫。他们也强调厂商可以采用价格调整以外的其他手段出清市场，如变化的延期交付、促销和产品与服务质量。

比尔和克莱诺（Bils and Klenow，2004）检验了350类产品和服务的价格调整行为，这些产品和服务在消费性支出中的占比约为70%。结果显示，与早期的研究相比，价格黏性的程度要小得多。他们也检验了商品的通货膨胀率行为是否符合时间依存定价模型，结果显示，波动性和持续性比传统的泰勒或卡沃类时间依存模型所预计的要小得多。

中村惠美和斯坦森（Nakamura and Steinsson，2006b）认为比尔和克莱诺所进行的研究包括零售和促销因素。他们使用了一个相对较少的总量数据集进行检验，结果发现，在把零售因素剔除掉之后，1998 ~ 2005 年间的消费价格的平均持续时间是 11 个月。中村惠美和斯坦森也提供了关于生产水平上价格动态的第一个牢固基础的证据，发现1998 ~ 2005 年间最终产品生产者价格的平均持续时间是 8.7 个月。中村惠美和斯坦森检验的第二个问题是估计了改变价格（价格提高）的比例。结果显示，该份额大约为剔除零售的消费者价格和最终生产者价格两者的 2/3。检验的第三个问题是估计通货膨胀率变化对价格调整幅度和频率的效应。他们发现，随着通货膨胀的上升，价格变化更为频繁。但是，价格下降的频率和价格上升与下降的幅度对通货膨胀的反应不强烈。对价格调整检验的第四个问题是分析季节性同步的程度。结果发现，消费者价格和生产者价格两者的调整频率具有高度的季节性，第一季度最高，第四季度最低。基准菜单成本模型无法拟合这个特征，该特征被作为时间依存因素对待。

曼昆等（Mankiw et al.，2003）强调了一个事实：不是每个人都具有相同的预期。在货币政策分析中，这个问题毫无例外地被忽视掉了，相对于价格黏性模型，黏性信息模型在本质上是包含这种预期不一致的。在黏性价格模型中，经济个体分享共同的信息集并理性地形成预期，预期不一致问题是不存在的。研究结果显示，通货膨胀预期不一致是大量存在的，在长期内，其数量随其他经济总量而变化。

布兰奇比较了三个预期形成模型对通货膨胀预期调查数据（密歇根州）的拟合情况。三个模型分别是：（1）曼昆和瑞斯（2002）的静态黏性信息模型。（2）黏性信息的离散选择模型。模型中经济个体面临一个系列预期模型的菜单，模型的独特性在于递归更新的频率。该模型源于瑞斯（2006）的疏忽模型和布洛克和休姆斯（Brock and Hommes，1997）对适应性理性动态均衡的分析。（3）布让克（2004）的不确定事件分析模型。研究结果表明，与曼昆和瑞斯（2002）的静态方法相比，包含时变性更新选择的黏性信息模型能更好地拟合数据。此外，运用 ML 方法估计密歇根州的调查数据发现，大部分经济个体每 3 ~ 6 个月更新一次信息集，少部分每期都更新信息，同时近乎没有经济个体以 9 个月或更长时间为周期来更新信息，这个比例在长期是变化的。

6.5.2　使用欧洲数据的经验证据

欧元体系通货膨胀持续性网络（IPN）对欧元地区的价格设定行为进行了大量的经验研究。IPN 具有关于宏观经济和部门变量的较为完备的数据集，也具有单个厂商层面价格设定行为的信息。经验研究的主要发现是：

（1）统计性的宏观数据表明通货膨胀的均值是变化的。宏观经济研究似乎表明，一旦通货膨胀均值的偶然性变化得到说明，与早期的研究相比，通货膨胀的持续性大幅度地降低（Altissimo et al.，2006）。

通货膨胀均值的这些变化可能是由于货币政策体制的变化。这个结果对于 NKPC 模型可能是好事也可能是坏事。如果近期内通货膨胀持续性减弱，NKPC 可能会更好地拟合近期数据。但是如果怕它不能拟合另外一个货币政策体制的数据，则说明它不能克服卢卡斯批评。

（2）微观研究已经显示，厂商的价格调整是缓慢的，很大一部分厂商在一段时间内保持其名义价格不变。行业部门价格的 CPI 指数保持不变的时间平均为 4 ~ 5 个季度。与生产者部门相比较，零售部门的价格调整频率要低一些，生产部门中的中间厂商每年调整一次价格。在欧元区域内，价格调整中约有 40% 为降价调节，而美国数据的结果是 1/3。根据安格罗尼等（Angeloni et al.，2006）和克雷（2005），这些证据是与黏性信息价格调整模型、包含指数化的卡沃模型和瑞特伯格（1982）的价格调整成本模型相矛盾的，这些价格调整模型都暗含着价格的连续调整。

（3）法比亚尼等（Fabiani et al.，2005）调查的数据显示，许多厂商以时间依存方式调整价格，但是当受到高程度的、特殊的冲击时，它们也采取状态依存方式定价。将状态依存定价纳入宏观经济模型是相当困难的，并且是否合适也有待考证。

（4）法比亚尼等（2005）对价格设定数据的调查表明，导致价格黏性的关键因素是厂商与消费者的长期关系、合同签订成本的存在和协调问题，其中协调问题源于每个厂商都不愿意先于其竞争者改变价格。这些调查发现价格黏性的一般影响变量，如菜单成本和信息成本，并没有那么重要。大部分宏观经济学模型并没有纳入这些关键性因素，它们也没有作为 NKPC 微观基础的构成部分。协调问题不过是凯恩斯主义经济学文献中讨论的价格黏性的传统来源之一。

（5）阿瓦利兹等（Alvarez et al.，2006）对微观经济学的研究发现，价格黏性的程度在各个产业部门中具有显著的部门异质性。这些研究指出，输入因素的可变性，尤其是工资的增长和竞争程度是导致这种异质性存在的两个重要因素，提高劳动市场和产品市场竞争程度的结构变革可能会减少价格黏性。这些证据指出，工资黏性是导致价格黏性和通货膨胀持续性的一个重要的深层次因素。但是这些证据支持价格设定的疏忽模型，因为各类商品价格调整频率的这些变化似乎与疏忽模型中暗含的需求价格弹性有关。

（6）帕罗维塔（Paloviita，2019）对宏观经济学的研究检验了通货膨胀动态预期的重要性和有限理性预期的影响。在经验上，混合菲利普斯曲线优于前向型的 NKPC，她的研究发现近些年通货膨胀动态预期中的后向性行为确实已经减少了，通货膨胀更多地表现出前向性。这在一定程度上表明了 NKPC 发展的方向。

第7章 开放经济下的新凯恩斯菲利普斯曲线

7.1 开放经济中菲利普斯曲线的复杂性

在封闭的经济环境中,菲利普斯曲线的分歧主要集中在以下三个方面:其一,菲利普斯曲线模型中变量的选择。滞后通货膨胀是否纳入模型或者模型是完全前向型的吗?实际的不均衡应该由产出缺口还是由边际成本来表示?对产出缺口和实际边际成本如何度量?其二,菲利普斯曲线模型微观基础的最优化建模方法。厂商在设定价格时面临什么样的约束?模型设定产品市场是不完全的,而同时假定劳动和金融市场是完全竞争的,是否合理?在不放弃价格设定的理性假设情况下,把一些惯性引入通货膨胀过程是否可能?其三,菲利普斯曲线模型中参数的估计方法。

当把菲利普斯曲线模型置于开放经济框架中时,很多事情会变得更为复杂。由于生产者面临进口中间投入品和使用国内中间投入品的选择,边际成本和劳动报酬两者之间的关系变得更为复杂。货币的选择、来自国外的竞争和利率变化对价格的影响使得价格设定行为更加复杂。资本市场和劳动市场上实际刚性的建模也会受到引入的开放因素的影响,尤其是在一个产品、劳动和金融市场的全球化不断增强的国家或地区。很明显,引入开放性因素后,模型参数的估计和预测也会变得更为复杂。

在 DSGE 模型中引入开放经济因素是现在宏观经济学研究的前沿,汇率经济学是宏观经济学中最具有挑战性的研究领域之一,也是货币经济政策设计中一个主要的争论议题。因此，在开放经济框架下建立通货膨胀动态化模型是很困难的，通货膨胀和汇率之间的关系是开放经济中的一个关键性议题，尤其是在一个小型开放经济环境中更是如此。

许多早期的文献如鲍尔（1999）、克莱里达等（2001，2002）发现，与封闭经济分析框架相比，开放经济环境中的最优货币政策设计所采用的方法没有什么实质性不同。这种方法上的实质性相同是基于许多较强的假设，假定采取遵循单一定价规则，并且汇率变化能够有效地影响价格，则这个结果与大量经验研究的结果不符合，并且与约翰逊（1974）的建议完全不符。"开放经济和封闭经济在货币分析上的差别是根本性的差别"（Johnson，1974）。

近期的研究显示，开放经济因素的引入对模型设计、通货膨胀动态性和货币政策制定具有重要影响。斯文森（Svensson，2000）认为在通货膨胀目标制的讨论中引入汇率具有重要意义：（1）为货币政策的传导提供一条新的传导渠道。（2）进一步强调了前向型行为和预期的作用。（3）把国外冲击传导到国内经济中。

新开放经济的宏观经济①（new open economy macroeconomics，NOEM）文献代表着把新凯恩斯主义经济学引入开放经济框架的一次尝试。这些文献对冲击的国际传导、不同的价格设定行为和政策协调性问题进行了新的分析，文献中的模型是名义刚性和各种形式的市场不完全假设下的 DSGE 模型。由于精确的建模方法还没有发展完善，建模过程中往往采用不同的建模方法，由此产生的政策建议也就各不相同，所以这些模型的解释能力在一定程度上还是相当有限的。当然，在封闭经济中也存在这个问题，只不过程度不同而已。

DSGE 模型的一个主要优点是能够进行福利分析，从而可以进行标准的政策问题分析。早期 NOEM 文献中开放经济的 DSGE 模型有一个局限，这些模型将货币政策模型化为货币总量的选择而非短期利率的设定。现在，绝大多数货币当局否定将名义货币供给量作为政策工具，而是通过货币市场上短期利率的设定来实施政策。

在封闭经济的新凯恩斯主义经济学模型中，货币政策的建模、遵循泰勒（1993）传统的单一规则，或在通货膨胀目标被明确地假设的条

90

---

① NOEM 产生于 20 世纪末期，目前在西方开放宏观经济研究中处于前沿位置。它通过把名义刚性和不完全竞争引入动态一般均衡模型，为研究提供了坚实的选择性微观基础。

件下由货币当局的损失方程推导得出。但是在开放经济的 DSGE 模型中，货币政策的建模常常伴随着滞后性。奥特弗尔德（Obstfeld，2004）讨论了 NOEM 文献的货币政策建模中，使用利率规则替代货币总量的重要性。沃特福德（Woodford，2001）在一个封闭经济中所做的由代表性家户效用最大化到中央银行损失函数的精彩推导，不适用于开放经济。

NOEM 早期文献中对货币总量的强调使得货币需求的不可预测性成为一个重要的建模因素，同时忽视了货币政策经由期限结构和汇率所产生的更具有意义的效果，而预期在期限结构和汇率中具有重要作用。

7.2 开放经济下菲利普斯曲线的微观基础

开放经济条件下，菲利普斯曲线的微观基础的许多方面存在争议。与封闭经济相比，厂商的价格设定行为发生了变化，并且价格设定行为与汇率相联系。这使得我们有必要对中间品投入的作用做进一步分析，同时有必要考察劳动市场和资本市场的实际刚性。

7.2.1 价格设定和汇率传导

自 1995 年奥特弗尔德和罗格夫（Obstfeld and Rogoff，1995）开创性的论文发表后，NOEM 文献数量迅速增长。早期文献中的模型都是确定性的，如奥特弗尔德和罗格夫（1995）、贝茨和得弗洛（Betts and Devereaux，1996，2000）的模型。奥特弗尔德和罗格夫（1998，2000）将不确定性引入模型并且此后的模型都以此为标准。不完全竞争使得价格设定行为成为学术界关注的焦点，不同定价规则的争论是 NOEM 第一次文献浪潮的中心议题。

无论在一个封闭经济中还是在一个开放经济中，关于价格设定的假设在任何 DSGE 模型中都是非常重要的。早期开放经济 DSGE 模型中的价格设定行为的假设甚至比封闭经济中的还要简单。"通常是以生产者所在国家的货币来事先设定某时期的价格"（Obstfeld and Rogoff，1995）。

随着克鲁格曼（Krugman，1987）依据市场定价的讨论和国际市场分割性假设，这种价格设定假设很快就受到本国货币定价假设的挑战。以本国货币定价，即厂商以消费者的货币设定价格，而不是以生产者的货币设定价格。本国货币定价和生产者货币定价假设的争论一直持续至2002年，随着更为精确的模型的建立而结束。

在开放经济的 DSGE 模型中，价格设定的模型化有两个重要的发展。其一，传统的卡沃（1983）、瑞特伯格（1982）、泰勒（1980）模型中的交错价格设定结构替代了较为简单的一期价格的事先设定。这有利于分析货币政策的动态性效应，并且也符合封闭经济中新凯恩斯主义经济学模型的传统。在一期事先定价框架中，所有产品的价格能够根据冲击进行无成本地事后调整。科尔曼（Kollman，2001）首先把交错价格设定引入 DSGE 模型。其二，对价格设定规则和汇率传导路径偏离的经验检验融入一个多部门的价格设定分析框架。在进口中间产品的价格中，存在大量对价格设定规则的短期偏离和较高程度的传导，但是最终消费品并非如此。

许多模型只是应用以上两者之一，莫纳斯里（Monacelli，2005）则第一次把两者融合起来。恩格尔等（Engle et al.，2006）使用了与价格设定前一期相联系的多部门模型，模型中进口和出口的是中间产品，这些中间产品用于生产最终消费品。他们假设 LOP 定价方式适用于中间产品，这样中间产品以 PCP 方式定价，而最终产品根据 LCP 定价。

柯塞迪等（Corsetti et al.，2006）使用了一个简单的非对称的价格设定假设，价格在前一期预先设定，但是价格比早一些的 PCP 和 LCP 模型具有更大的弹性。柯塞迪、代杜勒和利度（Corsetti, Dedola and Ledue，2005）发展了一个包含贸易和非贸易产品以及源于名义刚性（LCP）和价格歧视的不完全汇率传导的两国 DSGE 模型，模型中的价格设定是基于瑞特伯格（1982）思想的价格调整成本。

加利和莫纳斯里（2005）采用卡沃方式建立价格设定模型，但是没有遵循多部门方法并假设汇率变动在最终消费品价格中的传导具有完全性。他们推导出一个基于前瞻性产出缺口的小国开放经济的新凯恩斯菲利普斯曲线：

$$\pi_{H,t} = \beta E_t \{ \pi_{H,t+1} \} + k_\alpha x_t$$

其中，x_t 为国内产出缺口，k_α 为劳动供给弹性和贸易条件的反函数，同时表明开放程度和国内与国外产品之间的替代性。开放性因素只会影响菲利普斯曲线的斜率，即通货膨胀如何对产出缺口的变化做出反应。莫纳斯利等（Monacelli et al.，2005）得出结论，封闭经济环境中的新凯恩斯主义模型与他们小国经济模型的差别在于"（1）小国开放经济均衡动态系统的许多参数有赖于一些专属于开放性经济的因素，如开放的程度、不同国家生产的产品的可替代性；（2）小型开放经济中的产出和利率的水平总体上是国内和国外扰动的函数。特别地，封闭经济可以看作是开放模型的一个有约束的特例"。（Gali and Monacelli，2005）。

疏忽方法没有大量应用于开放经济。克汉和朱（2004，2006）基于加利和莫纳斯里（2005）的模型引入黏性信息价格设定，推导出一条开放经济的黏性信息菲利普斯曲线：

$$\pi_{H,t} = \frac{\lambda}{1-\lambda}\alpha_1 y_t + \frac{\lambda}{1-\lambda}\alpha_2 y_t^* + \lambda \sum_{j=0}^{\infty} (1-\lambda)^j E_{t-1-j}$$

$$[\pi_{H,t} + \alpha_1 \Delta y_t + \alpha_2 y_t^*] \tag{7-1}$$

其中，λ 代表一个给定时间点的信息黏性的程度。当它上升时，使用更新信息调整价格的厂商数量增加，于是信息黏性程度减少。y_t 表示国内产出缺口，y_t^* 是世界产出缺口，α_i 为实际刚性的程度。克汉和朱（2002）发现美国的平均信息黏性是 4 个季度，加拿大是 4 到 5 个季度，英国则超过 7 个季度。

7.2.2　中间品投入的作用

在 Cobb - Douglas 技术设定条件下，边际成本等于劳动报酬，生产方程中进口中间品的引入使得边际成本和劳动报酬两者不再相等。拜蒂尼、杰克逊和尼克尔（Batini，Jackson and Nickell，2000，2005）的研究显示，在这种情形下，实际边际成本 rmc_t 取决于劳动报酬 $s_{L,t}$ 和进口原料价格相对于价格水平的附加值 $p_{m,t} - p_t$。

$$rmc_t = -\ln\alpha + s_{L,t} + \mu_3(p_{m,t} - p_t)$$

进口原料价格的动态变化对于总的通货膨胀的动态变化是非常重要的，这与 NOEM 文献中价格设定模型的理论发展是相符合的。

由于厂商不能无代价地索要期望的加成，时变价格加成代表了封闭经济和开放经济中黏性价格设定的一个标准结果。但是对于开放经济，必须考虑外部竞争压力所导致的均衡价格加成的变更。这是因为均衡价格加成取决于厂商面临的需求弹性，需求弹性又受到产品市场上厂商面临的竞争水平的影响。

拜蒂尼、杰克逊和尼克尔（2002，2005）认为国内产品市场的竞争水平受到国外市场竞争程度、反垄断管理或贸易障碍的长期变化和国内总体经济状态的影响。他们得出均衡价格加成的方程如式（7－2）所示：

$$\ln\mu_t^* = \mu_0 + z_{p,t} + \mu_1(y_t - y_t^*) + \mu_2(p_t^w - p_t) \qquad (7-2)$$

其中，$z_{p,t}$ 代表来自诸如反垄断管理的严格性的长期变化，$(p_t^w - p_t)$ 是国外竞争强弱程度的度量，p_t^w 是以国内通货表示的国内 GDP 的国际价格，$(y_t - y_t^*)$ 代表产出缺口。

7.2.3 实际刚性

阿曼诺和默奇森（Amano and Murchison，2005）研究了把公司专有资本和劳动调整成本引入一个小型开放经济模型的效应，该经济体具有 CES[①] 生产技术并在生产过程中进口中间产品。他们运用加拿大的数据检验了一个开放经济下的混合 NKPC 模型捕捉通货膨胀动态性关键特征的能力。结果发现，该模型能够很好地重现加拿大通货膨胀、通货膨胀惯性和价格调整的实际状态。这种新的方法综合了封闭和开放经济条件下菲利普斯曲线建模的重要特征，即混合价格设定、边际成本、劳动市场刚性和特定要素市场。

将来研究的发展无疑是强调开放经济 DSGE 模型中实际刚性的作用，像克里斯托弗和林札特（Christoffel and Linzert，2005）的工资刚性和劳动市场摩擦的融合还没有在一个开放经济的 DSGE 模型中得到应用。

---

① CES（constant elasticity of substitution）是指生产函数中生产要素之间具有固定替代弹性。

7.3　一个开放经济下的混合 NKPC 模型

以加利和格特勒（1999）的混合 NKPC 为基础，构建一个简单的开放经济的混合 NKPC 模型。假设在一个高度开放的经济环境中，国外价格经由中间进口投入品而影响厂商的价格设定。开放因素对通货膨胀的影响主要由中间进口投入品成本和劳动投入成本的加权平均值来说明，即价格水平取决于劳动成本和进口中间投入品价格这两个因素。

7.3.1　边际成本

混合 NKPC 模型中边际成本测度可以由一个最优化过程推导出来，这个成本最小化问题可以写为：

$$\min_{C_t} = \sum_{j=1}^{n} w_{i,t} X_{i,t}$$

其中，$w_{i,t}$ 是 t 时期第 i 种投入品的价格，$X_{i,t}$ 是 t 时期第 i 种投入品的数量，服从下面的生产函数：

$$Y_t = A \prod_{i=1}^{n} X_{i,t}^{\alpha_i}$$

这里 $Y_t = f(X_{i,t}; \alpha_i)$ 为产出函数，α_i 是第 i 种投入所占份额，A 是技术水平。对于一个 C – D 生产函数，假定 $\sum_{i=1}^{n} \alpha_i = 1$。由一阶条件可以得出下面真实的影子价格：

$$\lambda_i^{real} = \frac{w_{i,t} X_{i,t}}{\alpha_i P_t Y_t}$$

P_t 是价格水平。

多变量输入的边际成本对其稳态价值的对数偏离定义为：

$$mimc_t = \sum_{i=1}^{n} \xi_i (s_{i,t} - s_{i,t}^*)$$

$$或 \quad mimc_t = \sum_{i=1}^{n} \xi_i (\hat{s}_{i,t}) \tag{7-3}$$

式（7-3）中 $s_{i,t} = \ln\left[\frac{w_{i,t} X_{i,t}}{P_t Y_t}\right]$，$s_{i,t}^*$ 是第 i 种投入收入份额的稳态

价值，并有限定 $\sum_{i=1}^{n} \xi_i = 1$。参数 α 与 ξ 的区别：前者是指生产函数中投入的相对份额，而后者则体现通货膨胀短期动态变化中边际成本的不同组成部分的重要性。这两类参数不一定相等的。

7.3.2 单位劳动成本

C – D 生产函数：

$$Y_t = AL_t^{\alpha}$$

A 是技术水平，L_t 是劳动。成本最小意味着实际边际成本满足：

$$mc_t = \frac{w_t}{P_t} \times \frac{1}{\alpha \frac{Y_t}{L_t}}$$

$$或 \quad mc_t = \frac{s_t^L}{\alpha}$$

其中，s_t^L 表示总产出价值中的劳动份额。

7.3.3 开放经济的边际成本

在两种投入要素的情况下，$Y_t = (AL_t)^{\alpha} M_t^{1-\alpha}$，其中，$AL_t$ 和 M_t 分别代表劳动和进口部分的投入，由最小化过程得出：

$$\lambda_t = \frac{w_t L_t}{\alpha Y_t} = \frac{p_i^{im} M_t}{(1-\alpha) Y_t} \tag{7-4}$$

其中，w_t 是名义工资，p_i^{im} 是中间投入品的进口价格。开放经济中边际成本指标对均值的对数偏离可以定义为：

$$omc_t = \xi \hat{s}_t^L + (1-\xi) \hat{s}_t^{im} \tag{7-5}$$

其中，$\hat{s}_t^{im}$ 是进口中间投入品实际成本对其稳态的对数偏离。参数 ξ 介于 0~1 之间，需要校准。

由此，通货膨胀率的最终表达式为：

$$\pi_t = \lambda omc_t + \gamma_f E_t \pi_{t+1} + \gamma_b \pi_{t-1} + \varepsilon_t$$

参数含义与式（5-44）中相同。

7.4　开放经济条件下通货膨胀决定因素的菲利普斯曲线分析框架

7.4.1　简要模式的分析框架

菲利普斯曲线模型是通货膨胀决定因素分析的核心理论框架，众多的文献讨论了菲利普斯曲线的理论基础。传统的菲利普斯曲线提供了失业缺口和工资通胀交替变化的经验证据，并且经历了多次的修正。三角模型强调供给冲击的影响，新菲利普斯曲线强调预期的作用，尤其是NKPC模型融入了通货膨胀的前向性行为，混合模型同时关注前向性和后向性行为。根据NKPC模型的分析，理性的经济厂商据此会调整定价以实现最优化结果。然而，经济体系中存在的名义刚性使得他们不能对冲击立即做出工资和价格调整。这些刚性在短期内导致了通货膨胀和过度需求的交替，进而为货币政策影响实际经济变量提供了渠道。

以这些菲利普斯曲线模型作为理论基础，结合亚洲新型工业化国家和发展中国家的特征，下面给出开放经济下通货膨胀决定因素分析的一般框架。

在前向性行为经济环境中，通货膨胀决定因素的分析框架表示为：

$$\pi_t = \alpha + \sum_{i=1}^{n} \beta_i \pi_{t-1} + \sum_{i=1}^{n} \gamma_i D_t + \sum_{i=1}^{n} \lambda_i X_t + \sum_{i=1}^{n} \psi_i Z_t + \sum_{i=1}^{n} \phi_i T_t + \varepsilon_t$$

在后向性行为经济环境中，通货膨胀决定因素的分析框架表示为：

$$\pi_t = \alpha + \beta E_t \pi_{t+1} + \sum_{i=1}^{n} \gamma_i D_t + \sum_{i=1}^{n} \lambda_i X_t + \sum_{i=1}^{n} \psi_i Z_t + \sum_{i=1}^{n} \phi_i T_t + \varepsilon_t$$

其中，π代表通货膨胀率，E是预期因素，D表示国内需求方面的因素，X代表外部需求方面的因素，Z表示国内冲击因素，T表示国外冲击因素。

7.4.2　决定因素的分类说明

每个国家在不同的发展阶段都会呈现出不同的特征，影响通货膨胀的因素及其重要程度也不一样，上面的分析框架包含了开放经济下影响通货膨胀的潜在重要因素。这些因素可以概括地作如下分类：

需求因素：进一步可以分为国内因素 D 和国外因素 X。

在发达国家的菲利普斯曲线模型中，产出缺口是作为需求指标来应用的。因为在发达国家，货币政策经由利率的传导机制是期望有效的，所以利率与过度需求显著相关。沙伊贝和文斯（Scheibe and Vines，2005）认为货币应该与产出缺口一起纳入菲利普斯曲线模型，因为货币对总需求的影响是通过其对利率的作用得以体现出来的。但是，产出缺口的通货膨胀模型一般较少地应用于发展中国家，寇和麦克德莫特（Coe and McDermott，1997）研究发现该模型不适用于泰国、中国和印度。产出缺口的通货膨胀模型不适用于发展中国家，原因在于发展中国家的金融市场发展相对落后，利率与总需求之间表现出来的相关性较为微弱。于是在发展中国家，实际货币缺口可以作为通货膨胀的一个潜在的决定因素或产出的替代量。

在众多文献中，汇率在通货膨胀决定中的作用得到广泛地强调。汇率会直接影响进口价格，也会通过较高价格和通货膨胀预期的传导而全面影响价格。俄和麦考利（Ho and McCauley，2003）指出，与发达市场经济相比较，新兴市场经济中国内通货膨胀过程中汇率发挥的作用越来越重要。伊藤隆敏和佐藤清隆（Ito and Sato，2008）的研究显示，在韩国和泰国通货膨胀的决定过程中，汇率在统计上具有重要意义，但在新加坡则没有。在分析框架中，名义汇率和进口通货膨胀是作为一国在需求方面竞争力的测度。

供给因素：进一步分为国内因素 Z 和国外因素 T。

对于发展中国家，国内供给冲击尤其是农业部门对宏观经济的影响是主要的。不管这种冲击是暂时性的还是永久性的，对通货膨胀影响的程度取决于受到影响的部门在消费者价格中的权重。例如，在发展中国家，食物在 CPI 中占有相对较大的份额。此外，天气的变化和贸易壁垒的存在也会导致食物价格的波动。这样，食物商品价格的一个上涨不仅导致短期的通货膨胀上涨，而且能够经由通货膨胀预期产生持续的通货膨胀上涨。在研究中，供给冲击方面的通货膨胀效应的测度主要包括：食物通货膨胀、食物生产指数变化的百分比、降雨量和工资膨胀与人均生产率增长的差别。

　　在许多国家的 CPI 综合消费中，能源消费占有一个相对大的份额。大多数新兴工业化国家对能源价格实行管制。然而这些经济在不同时期面临的通货膨胀压力来自管制价格的放开。这样，管制价格是否导致通货膨胀取决于价格调整的性质。如果管制价格定期修订以恢复其相对的稳定水平，它们就可能不会影响平均通货膨胀水平。在研究中，外部的供给冲击变量一般以全球石油价格来说明。

　　杜阿（Dua，2009）运用这个分析框架对八个亚洲国家和地区包括日本、韩国、新加坡、菲律宾、泰国、中国、印度和中国香港地区进行了经验研究。研究以 20 世纪 90 年代到 2005 年期间的季度数据为样本，采用工具变量估计方法进行研究。结果表明，几乎在所有的国家中，产出缺口在解释通货膨胀率方面都是有意义的。此外，至少有一个国际竞争力的测度对所有国家的通货膨胀具有统计上的显著性。发达国家经济与发展中国家经济具有显著的差别，在发展中国家经济的通货膨胀过程中，农业部门可以经由供给因素对通货膨胀产生显著影响。对于所有国家，前向型的菲利普斯曲线比后向型菲利普斯曲线能更好地拟合数据。

结 束 语

　　本书从经济学说史的研究视角系统地论述了菲利普斯曲线的产生、演变过程和发展现状，并对这个过程中的代表性理论和重要概念做出了详细介绍和评价。以 1975 年为界，菲利普斯曲线的发展从整体上划分为两个阶段。在 1975 年之前为传统菲利普斯曲线阶段，学术界对于传统菲利普斯曲线已经形成一致的共识。菲利普斯和其追随者萨缪尔森、索洛提出早期的菲利普斯曲线，通货膨胀和失业率之间的交替关系提供了一种政策上可应用的简明替代关系。在 20 世纪 60 年代末期，这种早期的替代关系观点被弗里德曼（1967，1968）和菲尔普斯（1967，1968）的自然率假说所打破，变量之间的替代关系只是在短期内存在，而在长期则是不存在的。20 世纪 60 年代发展起来的支持政策交替的计量经济学模型在经验上和逻辑上都受到卢卡斯（1972，1973）尖锐的批评。70 年代早期争论的焦点是弗里德曼和菲尔普斯模型中自然率假说的引入，尤其是经济个体在获知诸如产出、货币和价格等宏观数据的价值等方面存在障碍的假设。卢卡斯继而将理性预期引入宏观经济学，卢卡斯模型暗含着政策无效性的命题，即预期到的货币政策变化不影响产出并且会完全反映在价格变化中。经验研究并不支持卢卡斯的理性预期分析框架，如果货币意外不影响产出，产出的序列相关性和通货膨胀持续性就无法得到合理解释。

　　1975 年以后，菲利普斯曲线文献分为两个几乎相互独立的研究分支。第一个分支是戈登的三角模型，三个相关变量是需求、供给冲击和通胀惯性，这也是分析通货膨胀问题的主流范式。其中需求冲击由失业或产出缺口表示，供给冲击变量包括食品、能源、进口价格的相对变化和生产增长率趋势的变化。三角模型中引入了微观需求和供给分析，失业和通货膨胀之间负方向变化关系的假设不再存在。需求冲击产生一个初始的和暂时的负相关关系，供给冲击产生一个初始的和暂时的正向关系，最终关系变化的方向根据政策反应而变化。早在 1975 年发展起来的关于供给冲击政策反应的文献显示，负向供给冲击迫使政策制定者在较高的通胀和较低的产出之间做出选择。到了 20 世纪 80 年代早期，这个 AD – AS 分析框架的计量经济学范式发展起来，从而将需求和供给冲击与长期中性、惯性的作用结合在一起。

三角模型的分析方法与其他在 1975 年以后发展起来的模型的一个重要区别在于：过去通货膨胀的作用不再局限于为预期提供信息，由于固定期限的工资、价格合同和中间产品与最终产品之间的价格变化为滞后的存在，过去的通货膨胀会产生纯粹的持续性。三角模型的计量分析框架能够很好地解释战后美国的通货膨胀。

1975 年之后的另一个研究分支是 NKPC 模型。模型中预期不再基于后向性定价行为，而是可以根据当前政策或政策的预期变化而发生突变。模型中的重要因素包括政策可信性、预期形成过程中的政策制定者和经济个体的博弈，NKPC 模型由这个替代的价格黏性理论推导出一条前向型的菲利普斯曲线。模型中不包括通胀惯性和任何明确的供给冲击变量，由于存在"理性疏忽"之类的摩擦，预期通货膨胀的能力根据新信息可能发生急剧变化。

由于 NKPC 模型不能很好地解释通胀动态性尤其是通胀的持续性，NKPC 模型的扩展沿两个方向展开。第一个方向是假设部分厂商采用后向型定价方式，部分采用前向型定价方式，即加利和格特勒（1999）的混合 NKPC 模型。第二个方向是假定存在信息黏性，进而推导出黏性信息菲利普斯曲线。该模型有进一步发展为双黏性模型（多普尔、克达姆若和舒戈，2008），即将黏性价格和黏性信息结合在一起。

在 50 多年的发展过程中，菲利普斯曲线一直是主流宏观经济学的核心理论之一，在通货膨胀、货币政策、失业、经济增长等宏观经济重大问题的研究中具有不可替代的重要地位。菲利普斯曲线理论分析范式中的一些重要概念如自然失业率、无冲击自然失业率、时变自然失业率、黏性信息、理性疏忽、通货膨胀持续性等曾经是或正在成为宏观经济学研究的热点问题。虽然菲利普斯曲线也出现过 20 世纪 70 年代初期"消亡"和 20 世纪 90 年代的"沉寂"，然而正是这种"消亡"和"沉寂"极大地促动了该理论的快速发展，菲利普斯曲线理论分析框架和实证研究都得以升华。在开放经济条件下，随着开放经济因素的引入，这些菲利普斯曲线模型可以拓展成相应的开放经济的菲利普斯曲线模型。

然而，菲利普斯曲线模型注重经验统计研究，缺少经济作用机理研究。从发展过程可以看出，菲利普斯曲线的出现是基于宏观经济变量之间关系的统计性研究，最初只是数量之间表现出来的一种关系，并不涉及变量之间相互作用的经济学机制。在此后的发展过程中，不同学派的研究者在不同的理论分析框架中提出了诸多相关理论作为其理论上的支撑，然而至今尚未形成菲利普斯曲线模型较为完善的理论体系。总的来看，菲利普斯曲线模型的研究主要是统计性研究和实证经验研究，经济理论方面的作用机制研究不足。

菲利普斯曲线对经济现象的解释层面较为肤浅，自 20 世纪 50 年代至今，实证经验研究一直是其采用的主要研究方法。这就使得菲利普斯曲线模型更多地关注通货膨胀影响因素的选择、每个因素效应的权重以及计量模型对实际宏观数据的拟合能力。当经济发生变化时，通货膨胀的影响因素就需要调整，并且每个变量所发挥的效应也不是恒定的，大量的检验研究结果表明变量的估计系数并不具有相对稳定性。

对菲利普斯曲线模型的经济作用机理分析主要出现在西方经济学各个主流学派的理论中，这些理论支撑虽然能够进行较为严密的推导，但是需要以非常严格的假设为前提，而这些假设往往存在很多缺陷。如菲利普斯曲线模型是以理性的"经济人"为假设，而经济人假设是建立在利己主义的抽象概念之上的。人具有社会属性，这就决定了人不仅仅具有理性，而且还会受到精神层面的影响，进而表现出来的经济行为就比较复杂了。再如 NKPC 及其扩展模型包含的前向型定价和后向型定价作为通货膨胀的解释因素不具有稳定性。此外，NKPC 模型所采用的理性预期也是一个很强的假设，理性预期的形成机制在经济学领域里是一个尚未打开的"黑匣子"。

菲利普斯曲线主要适用于工业化国家，发展中国家必须加以改造利用。自 20 世纪 50 年代至今，菲利普斯曲线研究的主流主要是在工业化国家，其经验研究主要是以发达国家为对象，而理论支撑则是在主流经济学框架中形成的。所以 NKPC 模型从前提假设、推导过程和经验检验环节都是根据发达国家经济的实际情况来进行的。发展中国家和发达国家存在很大差别，经济发展水平、劳动市场、产品市场、金融市场以及经济体制各不相同。源于工业化国家的菲利普斯曲线很难直接应用于发展中国家，运用发达国家的菲利普斯曲线模型直接检验发展中国家数据所得出结论的实际应用价值不大，但可以作为一种参照。所以必须结合发展中国家的经济特征对菲利普斯曲线模型加以修正。

菲利普斯曲线未来研究的几个重要方向：

1. 菲利普斯曲线模型微观基础的进一步构建

探寻宏观经济理论的微观基础是经济学研究的重要内容，菲利普斯曲线理论也是这样。菲利普斯曲线的微观基础构建始于利普西（1960）的微观劳动市场理论，此后是弗里德曼（1968a）和菲尔普斯（1967，1968）的自然失业率假说，发展到 20 世纪 80 年代的 NKPC 模型，菲利普斯曲线已经形成较为体系化的微观基础理论，从微观经济个体包括厂商和家户的最优化行为可以推导出 NKPC 模型。以此为基础，经济个体的微观行为不断被细化并融入模型。前向性定价与后向性定价的结合、黏性信息的引入、黏性信息与黏性价格的结合等使得模型所刻画的经济环境日益接近实际。

然而，真实世界的经济运行情况是非常复杂的，而且不同经济发展程度国家的经济环境存在较大差别。具体到中国的实际情况，我国经济转轨时期呈现出的市场特点显然不同于发达国家，我国市场除了不完全竞争之外还存在以下几方面特点：（1）经济法制还未健全；（2）厂商定价行为复杂，前向型定价和后向型定价不足以描述；（3）信息黏性情况复杂，不同行业和同行业不同规模厂商更新信息的频率差别大；（4）经济个体的理性预期程度较低，在通胀预期中存在非理性因素。中国的菲利普斯曲线的理论研究必然要关注这些微观因素，如何将这些因素纳入模型中是菲利普斯曲线理论研究的重要方向。

2. 新凯恩斯菲利普斯曲线与二元经济结构

新凯恩斯菲利普斯曲线在发展中国家的应用要结合发展中国家的二元经济结构特征。发展中国家经济在整体上存在二元结构，可划分为农业部门和现代工业部门。农业部门存在大量剩余劳动力，其边际产出基本为零，该部门的劳动者获得生存收入，农业部门产出占总产出的比例很小。现代工业部门是经济增长的主要来源，假设其情形与加利和格特勒（1999）模型一致。随着经济的发展，劳动力由农业部门向现代工业部门转移，且劳动无限供给。

二元经济结构是发展中国家的最基本经济特征，经济发展的过程就是二元经济向一元经济转变的过程，伴随该过程的是劳动力从农业部门向现代工业部门的转变过程。研究发展中国家的宏观经济变量关系问题，必须考虑二元经济结构这个关键特征，而劳动力流动速度是反映该特征的核心变量。

劳动力流动速度主要通过两条途径影响价格水平：

（1）劳动力流动速度变化会导致工业部门工资率变化，进而通过总供给而影响价格水平。

根据二元经济结构理论，劳动力流动的主要驱动力是两部门收入存在的差别。可以表示为：

$$v = \theta(w_a - w_b), \theta > 0$$

其中，v 表示劳动力流动速度偏离其稳态的百分比，w_a 和 w_b 分别表示工业部门和农业部门名义工资变化率。

将上式变形，可得：

$$w_a = \frac{v}{\theta} + w_b$$

一般假定农业部门的名义工资 w_b 是不变的。由此知道，w_a 和 v 成同方向变化，即随着劳动力流动速度越快，工业部门的工资率增长越快。这使得价格水平出现上涨压力。

（2）劳动力流动速度变化会导致总需求变化，进而影响价格水平。

$$d = \delta v, \delta > 0$$

劳动力流动速度越快，需求水平的增长速度也越快，两者成同方向变化。这使得价格水平出现上涨压力。

由此可知，劳动力流动速度越快，工业部门工资水平增长率越快，经由供给使得通货膨胀出现上涨压力；同时，需求水平快速提高，也促使通货膨胀出现上涨。所以，劳动力流动速度与通货膨胀两者呈同方向变化。

可以简单表示为：

$$\pi = f[w_a(v), d(v)]$$

且 $f'_{w_a,d} > 0$，$w'_a > 0$，$d' > 0$

以上是对通货膨胀与二元经济结构关系的一般分析。在现有的研究中，很少将二元经济结构的变化作为一个因素纳入模型。二元经济结构通常是以劳动力的流动来表示，劳动力流动的测度也是一个关键问题。

在这些问题上的突破将是我国菲利普斯曲线模型研究的重要方向。

3. 通货膨胀持续性研究

所谓通货膨胀持续性也称为通胀惯性或通胀惰性，按弗若（1995）给出的概念，通胀持续性是指通货膨胀受到随机扰动因素冲击后偏离其均衡状态的趋势所持续的时间，一般以动态自回归模型中滞后项的系数和来衡量，持续的时间越久，通胀持续性就越强。通胀持续性的强弱客观地决定了通货膨胀对货币政策变化的反应速度。通货膨胀持续性是通货膨胀动态机制研究的重要内容，也是菲利普斯曲线模型的主要组成变量之一，通胀持续性水平的高低直接影响货币政策的实施效果。

国外学术界日益关注对通胀持续性的研究，而我国对通货膨胀持续性的研究则较少。现有的研究表明我国通货膨胀存在较强的持续性，通货膨胀对货币政策变化的反应滞后。这就需要进一步深入对通胀持续性的量化分析，从而建立更为准确的菲利普斯曲线计量检验模型并实施相应的货币政策。

4. 发展中国家的失业与通货膨胀

菲利普斯曲线模型涉及的一个重要宏观经济变量是"失业"。在"失业"的内涵上，发达国家与发展中国家存在很大的差别。发达国家的市场机制比较完善，"失业"的内涵较为简单，一般指城市部门的公开失业，即劳动者的劳动力完全处于闲置状态。发展中国家的失业问题非常复杂，不仅要包括劳动力的闲置与否，还包括劳动力是否得到充分有效的利用、使用的效率、效果如何等内容。同时由于存在经济上的二元结构，发展中国家的"失业"既包括城市部门的"失业"也包括农业部门的"失业"。

劳动力的公开失业又有自愿失业和非自愿失业两种形式。自愿失业包括提前退休、隐蔽性失业等，非自愿失业包括摩擦性失业、周期性失业和结构性失业等形式。在发展中国家，除了存在公开失业外，还存在大量的非公开失业，即劳动力在形式上没有"失业"，但劳动资源在一定程度上闲置。这包括很多种形式，如打零工、季节性就业、低效利用等。除此之外，知识失业也是发展中国家的显著特征，即失业率与接受教育的程度呈同方向变动。

我国现在提供的就业方面的宏观数据主要为城镇失业率。该指标不能真实地反映出我国"失业"的实际情况，劳动力的非充分利用、隐蔽性失业、知识失业等一方面会影响到产出，另一方面也不能真实地反映出经济对劳动力的吸纳利用能力，扭曲了失业、产出和价格水平之间的作用机制。所以，如何设计和使用更为科学的、更准确地体现我国劳动力失业实际情况的宏观指标对于菲利普斯曲线的研究十分重要。把我国劳动力失业的各种主要类型及其作用机制引入模型是菲利普斯曲线在我国应用的重要方向之一。

参 考 文 献

［1］埃德蒙·S. 菲尔普斯：《通货膨胀政策与失业理论》，方臻旻、陈卓淳译，北京大学出版社 2010 年版。

［2］布莱恩．斯诺登、霍华德．R. 文：《现代宏观经济学：起源、发展和现状》，余江涛、魏威、张风雷译，江苏人民出版社 2009 年版。

［3］布兰查德：《宏观经济学》，清华大学出版社 1997 年版。

［4］蔡昉：《为什么"奥肯定律"在中国失灵——再论经济增长与就业的关系》，载于《宏观经济研究》2007 年第 1 期。

［5］陈杰：《产出缺口与通胀缺口的动态关联性研究》，载于《当代财经》2008 年第 4 期。

［6］陈乐一：《论中国菲利普斯曲线与经济周期阶段》，载于《山西财经大学学报》2006 年第 5 期。

［7］陈乐一：《论中国环形的菲利普斯曲线》，载于《经济学研究》2006 年第 3 期。

［8］陈学彬：《对我国经济运行中的菲利普斯曲线关系和通胀预期的实证分析》，载于《财经研究》1996 年第 8 期。

［9］陈彦斌：《中国当前通货膨胀形成原因经验研究：2003—2007》，载于《经济理论与经济管理》2008 年第 2 期。

［10］陈彦斌：《中国通货膨胀的预期、形成机制和治理政策》，科学出版社 2010 年版。

［11］陈彦斌：《中国新凯恩斯菲利普斯曲线研究》，载于《经济研究》2008 年第 12 期。

［12］陈玉宇、谭松涛：《稳态通货膨胀下经济增长率的估计》，载于《经济研究》2005 年第 4 期。

［13］陈昭、陈健：《菲利普斯曲线：理论与模型的动态演变与评论》，载于《经济评论》2007 年第 3 期。

［14］池建宇：《中国对外开放度和通货膨胀率关系的实证检验》，载于《中央财经大学学报》2006 年第 8 期。

［15］崔建军：《重新认识菲利普斯曲线真正价值》，载于《经济学家》2003 年第 1 期。

［16］戴维·N. 德容、舍唐·戴夫：《结构宏观计量经济学》，龚关、徐玲丽译，上海财经大学出版社 2010 年版。

［17］戴维·罗默：《高级宏观经济学（第三版）》，上海财经大学出版社 2009 年版。

［18］戴维·罗默：《高级宏观经济学（第一版）》，商务印书馆 1999 年版。

［19］董彦岭、孙晓丹、陈琳、王菲菲：《金融危机对通货膨胀目标制的挑战及其发展方向》，载于《经济学动态》2010 年第 4 期。

［20］范从来：《菲利普斯曲线与我国现阶段的货币政策目标》，载于《管理世界》2000 年第 6 期。

［21］方福前：《当代西方经济学主要流派》，中国人民大学出版社 2004 年版。

［22］冯金华：《新凯恩斯主义经济学》，武汉大学出版社 1997 年版。

［23］耿强、张永杰、朱牡丹：《中国的通胀、通胀预期与人民币有效汇率——开放新凯恩斯混合菲利普斯曲线框架下的实证分析》，载于 2009 年第 4 期。

［24］顾标、王剑锋：《中国 Phillips 曲线——基于新凯恩斯主义视角的实证分析》，载于《浙江社会科学》2010 年第 7 期。

［25］郭庆旺、贾俊雪：《中国潜在产出缺口的估算》，载于《经济研究》2004 年第 5 期。

［26］郭雄、李亚琼：《我国的产出缺口与通货膨胀》，载于《统计与决策》2006 年第 1 期。

［27］韩剑：《全球产出缺口与中国的通货膨胀变动：基于扩展的菲利普斯曲线研究》，载于《国际金融研究》2009 年第 8 期。

［28］韩文秀：《经济增长与通货膨胀之间关系研究》，载于《管理世界》1996 年第 6 期。

［29］胡日东、苏芳：《中国通货膨胀与通货膨胀不确定性的非线性关系》，载于《数量经济技术经济研究》2008 年第 2 期。

［30］黄新飞：《贸易开放度与通货膨胀：基于社会福利的分析框架》，载于《南方经济》2007 年第 2 期。

［31］姜凌、王晓辉：《全球化与菲利普斯曲线关系研究述评》，载于《经济学动态》2011 年第 1 期。

［32］赖小琼、黄智淋：《基于动态面板数据的中国菲利普斯曲线稳健性分析》，载于《当代财经》2011 年第 3 期。

［33］黎德福：《二元经济条件下中国的菲利普斯曲线和奥肯法则》，载于《世界经济》2005 年第 8 期。

［34］李昊、王少平：《我国通货膨胀预期和通货膨胀粘性》，载于《统计研究》2011 年第 1 期。

［35］李杰、庞皓：《中国贸易开放与通货膨胀持续性关系研究》，载于《经济理论与经济管理》2011 年第 6 期。

［36］李拉亚：《理性疏忽、粘性信息和粘性预期理论评价》，载于《经济学动态》2011 年第 2 期。

［37］李学林：《菲利普斯曲线基本假设条件及其在中国经济条件下的适用性研究》，载于《经济问题》2008 年第 1 期。

［38］李永宁：《通货膨胀预期形成、锚定：基于消费者和经济学家预期的分析》，载于《当代经济科学》2010 年第 4 期。

［39］李振、杨晓光：《新凯恩斯菲利普斯曲线模型在中国的实证研究：基于 VAR 的分析》，载于《管理评论》2007 年第 12 期。

［40］李治国：《菲利普斯曲线和预期通货膨胀机制的理论基础与实证分析》，载于《中国经济问题》2002 年第 5 期。

［41］厉格非、王锦功：《菲利普斯曲线的理论探讨》，载于《数量经济技术经济研究》1999 年第 2 期。

［42］林志：《菲利普斯曲线的研究发展进程》，载于《经济评论》2010 年第 1 期。

［43］刘斌编：《高级货币经济学》，中国金融出版社 2008 年版。

［44］刘凤良、张海阳：《菲利普斯曲线研究新进展》，载于《经济理论与经济管理》2004 年 7 月。

［45］刘金全：《中国菲利普斯曲线的动态性与通货膨胀率预期的轨迹：基于状态空间区制转移模型的研究》，载于《世界经济》2006 年第 6 期。

[46] 刘金全、范剑青:《中国经济周期的非对称性和相关性研究》,载于《经济研究》2001 年第 5 期。

[47] 刘金全、姜梅华:《金融危机后期的新凯恩斯菲利普斯曲线估计与经济政策启示》,载于《吉林大学社会科学学报》2011 年第 3 期。

[48] 刘金全、刘志刚:《中国经济周期波动中实际产出波动性的动态模式与成因分析》,载于《经济研究》2005 年第 3 期。

[49] 刘树成:《论中国的菲利普斯曲线》,载于《管理世界》1997 年第 6 期。

[50] 卢盛荣、邓童:《系统性货币政策与通货膨胀持续性》,载于《经济学动态》2011 年第 8 期。

[51] 罗伯特·M. 索洛、约翰·B. 泰勒、本杰明·M. 弗里德曼:《通货膨胀、失业与货币政策》,张晓晶、李永军译,中国人民大学出版社 2004 年版。

[52] 马丹、涂玥:《通货膨胀、产出缺口及通胀不确定性——对中国附加预期的菲利普斯曲线的检验》,载于《统计与决策》2006 年第 8 期。

[53] 马克.布劳格:《经济理论的回顾》,姚开建译校,中国人民大学出版社 2008 年版。

[54] 庞明川:《长期的菲利普斯曲线与经济增长》,东北财经大学出版社 2000 年版。

[55] 庞明川:《菲利普斯曲线:理论、运行于政策》,经济科学出版社 2004 年版。

[56] 庞明川、解威:《中国经济转轨时期的菲利普斯曲线》,载于《财经问题研究》2000 年第 8 期。

[57] 彭兴韵:《黏性信息经济学——宏观经济学最新发展的一个文献综述》,载于《经济研究》2011 年第 12 期。

[58] 钱宥妮:《菲利普斯曲线在中国经济中的实证研究———基于产出缺口的分析》,载于《财经研究》2005 年第 6 期。

[59] 苏剑:《中国目前的通货膨胀:特点、成因及对策》,载于《经济学动态》2011 年第 1 期。

[60] 苏梽芳:《中国通货膨胀持续性时变特征及其来源分析》,载于《云南财经大学学报》2010 年第 5 期。

［61］孙海军：《菲利普斯曲线之中国验证——基于1985—2004年的数据分析》，载于《华北航天工业学院学报》2006年第6期。

［62］王凯、庞震：《贸易开放度、货币供应量与中国通货膨胀关系的实证检验》，载于《西北农林科技大学学报（社会科学版）》2009年第7期。

［63］王明舰：《中国通货膨胀问题分析——经济计量方法与应用》，北京大学出版社2001年版。

［64］王少平、彭方平：《我国通货膨胀与通货紧缩的非线性转换》，载于《经济研究》2006年第8期。

［65］王少平、涂正革、李子奈：《预期增广的菲利普斯曲线及其对中国适用性检验》，载于《中国社会科学》2001年第4期。

［66］肖争艳、陈彦斌：《中国通货膨胀预期研究：调查数据方法》，载于《金融研究》2004年第11期。

［67］谢璐：《中国菲利普斯曲线的理论分析和实证研究》，载于《华东经济管理》2004年第4期。

［68］徐秋慧、李秀玉：《菲利普斯曲线研究的新进展》，载于《中央财经大学学报》2008年第4期。

［69］许冰、章上峰：《经济转型时期中国的非线性菲利普斯曲线》，载于《中国管理科学》2008年第10期。

［70］杨小军：《中国新凯恩斯主义菲利普斯曲线的经验研究》，载于《统计研究》2011年第2期。

［71］姚开建：《经济学说史》，中国人民大学出版社2011年版。

［72］尹伯成、陈灏康：《新经济中的失业与通胀》，载于《世界经济文汇》2000年第6期。

［73］于光耀：《中国通货膨胀问题研究——基于菲利普斯曲线的三因素模型视角》，载于《经济与管理》2011年第9期。

［74］于泽：《理性非注意、粘性信息和最优货币政策》，中国人民大学出版社2009年版。

［75］余力、陈红霞、李沂：《我国通货膨胀的严重性及生成机制研究》，载于《经济学动态》2010年第11期。

［76］曾利飞、徐剑刚、唐国兴：《开放经济下中国新凯恩斯混合菲利普斯曲线》，载于《数量经济技术经济研究》2006年第3期。

[77] 张成思：《通货膨胀动态机制与货币政策现实选择》，中国人民大学出版社 2009 年版。

[78] 张成思：《中国通胀惯性与货币政策启示》，载于《经济研究》2008 年第 2 期。

[79] 张成思、刘志刚：《中国通货膨胀率持久性变化研究及政策含义分析》，载于《数量经济技术经济研究》2008 年第 3 期。

[80] 张焕明：《1979 年—2000 年中国菲利普斯曲线的经验分析》，载于《管理科学》2003 年第 2 期。

[81] 张五六：《经济转型期通货膨胀的运行特征及形成机制研究述评》，载于《经济社会体制比较》2009 年第 6 期。

[82] 张勇：《政策可信性变动、通胀预期形成方式和菲利普斯曲线的稳定性——来自中国的经验证据》，载于《南开经济研究》2008 年第 1 期。

[83] 赵博、雍家胜：《菲利普斯曲线研究在中国的实证分析》，载于《管理世界》2004 年第 9 期。

[84] 赵留彦：《中国核心通胀率与产出缺口经验分析》，载于《经济学（季刊）》2006 年第 4 期。

[85] 中国经济增长与宏观稳定课题组：《外部冲击与中国的通货膨胀外部冲击与中国的通货膨胀》，载于《经济研究》2008 年第 5 期。

[86] 钟正生：《通货膨胀的惯性特征及其货币政策启示》，载于《上海金融》2008 年第 7 期。

[87] 周平、王黎明：《通货膨胀持久性研究综述》，载于《经济学动态》2011 年第 3 期。

[88] 庄芮：《菲利普斯曲线在"新经济"中无效吗?》载于《经济学家》2000 年第 6 期。

[89] 左大培：《围绕着通货膨胀的"替换"作用的经济学论争》，载于《经济研究》1996 年第 2 期。

[90] Arthur M. Okun The Predictive Value of Surveys of Business Intentions [J]. *The American Economic Review*, 1962, 52 (2): 218 – 225.

[91] Ball, Lawrence. Hysteresis in Unemployment [J]. *Federal Reserve Bank of Boston Conference*, 2008: 10 – 11.

［92］ Ball Lawrence and Gregory Mankiw. Relative-price changes as aggrfegate supply shocks ［J］. *Quarterly Journal of Economics*, 1995, 110: 161 – 193.

［93］ Blanchard, olivier J and Jordi Galí, The Macroeconomic Effects of oil Shocks: Why Are the 2000s so Different from the 1970s? ［J］. *NBER Working Paper* 13368, 2007.

［94］ Blanchard, olivier J. The State of Macro ［J］. *NBER Working Paper* 14259, 2008.

［95］ Burger P, Marinkov M. The South African Phillips Curve: How Applicable Is the Gordon Model? ［J］. *South African Journal of Economics*, 2006, 74 (2): 172 –819.

［96］ Calvo G A. Staggered Prices in a Utility-maximizing Framework ［J］. *Journal of Monetary Economics*, 1983, 12: 383 – 398.

［97］ Dua, P. Determination of Inflation in an Open Economy Phillips Curve Framework: The case of Developed and Developing Asian Countries ［J］. *CDE Working Paper*, 2009 (178).

［98］ Dupor B, Kitamura T and Tsuruga T. Integrating Sticky Prices and Sticky Information ［J］. *The Review of Economics and Statistics*, 2010, 92 (3): 657 –669.

［99］ Dupor, B. , Kitamura T and Tsuruga T. Do sticky prices need to be replaced with sticky information? Institute for Monetary and Economic Studies of Bank of Japan ［J］. *Discussion Paper*, 2006.

［100］ Emi Nakamura, Jón Steinsson. Five Facts about Prices: A Reevaluation of Menu Cost Models ［J］. *The Quarterly Journal of Economics*, 2008, 123 (4): 1415 –1464.

［101］ Eugenio G. Has globalization changed the Phillips curve? ［J］. *International Journal of Central Banking*, 2010, 3: 51 –84.

［102］ Fedderke J W, Schaling E. Modelling Inflation in South Africa: A Multivariate Cointegration Analysis ［J］. *South African Journal of Economics*, 2005, 73 (1): 79 –92.

［103］ Fillippo Altissimo, Laurent Bilke, Andrew Levin, Thomas Math? and Benoit Mojon, Sectoral and Aggregate Inflation Dynamics in the Euro

Area [J]. *Journal of the European Economic Association*, 2006, 4 (2/3): 585 – 593.

[104] Fisher, Irving. A Statistical Relation between Unemployment and Price Changes. International Labor Review, 13: June, No. 6: 785 – 92. Reprinted as Irving Fisher, 1973. I Discovered the Phillips Curve [J]. *Journal of Political Economy*, 1926, 2: 496 – 502.

[105] Friedman, Milton. The Role of Monetary Policy [J]. *American Economic Review*, 1968, 58 (1): 1 – 17.

[106] Fuhrer, Jeffrey C. Intrinsic and Inherited Inflation Persistence [J]. *Federal Reserve Bank of Boston Working Paper*, 2005: 05 – 08.

[107] Fuhrer J C and G R Moore. Inflation Persistence [J]. *Quarterly Journal of Economics*, 1995, 110 (1): 127 – 129.

[108] Fuhrer J. The (Un) Importance of Forward – Looking Behavior in Price Specifications [J]. *Journal of Money, Credit and Banking*, 1997, 29: 338 – 350.

[109] Galí, Jordi, Mark Gertler and David Lopez – Salido. Robustness of Estimates of the Hybrid New Keynesian Phillips Curve [J]. *Journal of Monetary Economics*, 2005, 6: 1107 – 1118.

[110] Gali, J. Inflation pressures and monetary policy in a global economy [J]. *International Journal of Central Banking*, 2010, 3: 93 – 102.

[111] Gali J and Gertler M. The Science of Monetary Policy: A New Keynesian Perspective [J]. *Journal of Economic Literature*, 1999, 37 (2): 1661 – 1707.

[112] Genberg H and Pauwels L L. An Open Economy New Keynesian Phillips Curve: Evidence from Hong Kong [J]. *HEI Working Paper* No. 03, 2003.

[113] Gertler M and Leahy J. A Phillips Curve With an Ss Foundation. NBER Working Paper Series [J]. *Working Paper*, 2006.

[114] Giancarlo Corsetti, Luca Dedola, Sylvain Leduc, Susanto Basu, Robert Kollmann. Productivity, External Balance, and Exchange Rates: Evidence on the Transmission Mechanism among G7 Countries [J]. *NBER International Seminar on Macroeconomics*, 2006: 117 – 194.

［115］ Gordon, Robert J. The Time – Varying NAIRU and Its Implications for Economic Policy ［J］. *Journal of Economic Perspectives*, 1997, 11: 11 –32.

［116］ Gordon, Robert J. Alternative Responses of Policy to External Supply Shocks ［J］. *Brookings Papers on Economic Activity*, 1975: 183 – 206.

［117］ Gordon, Robert J and Stephen R. The Output Cost of Disinflation in Traditional and Vector Autoregressive Models ［J］. *Brookings Papers on Economic Activity*, 1982: 205 –242.

［118］ Gordon, Robert J. Can the Inflation of the 1970s Be Explained? ［J］. *Brookings Papers on Economic Activity* 8, 1977b（1）: 765 –778.

［119］ Gordon, Robert J. Foundations of the Goldilocks Economy: Supply Shocks and the Time – Varying NAIRU ［J］. *Brookings Papers on Economic Activity*, 1998, 29（2）: 297 –333.

［120］ Gordon, Robert J. Inflation, flexible exchange rates, and the natur-a l rate of unemployment ［J］. *In M. N. Baily ed. , Workers, Jobs, and Inflation, Washingt on: Brookings*, 1982b: 89 –158.

［121］ Gordon, Robert J. Price Inertia and Policy Ineffectiveness in the United States, 1890 –1980 ［J］. *Journal of Political Economy*, 1982a, 1087 – 1117.

［122］ Gordon, Robert J. Supply Shocks and Monetary Policy Revisited ［J］. *American Economic Review Papers and Proceedings*, 1984: 38 –43.

［123］ Gordon, Robert J. The History of the Phillips Curve: Consensus and Bifurcation ［J］. *Economica*, 2011, 78（309）: 1 –50.

［124］ Gordon, Robert J. The Theory of Domestic Inflation ［J］. *American Economic Review Papers and Proceedings*, 1977a: 128 –134.

［125］ Gordon, Robert JThe Time – Varying Nairu and Its Implications for Economic Policy ［J］. *NBER Working Paper*, 1996: 5735.

［126］ Gordon, Robert J. Wage – Price Controls and the Shifting Phillips Curve ［J］. *Brookings Papers on Economic Activity*, 1972: 385 –421.

［127］ Gordon, Robert J. What is New – Keynesian Economics? ［J］. *Journal of Economic Literature*, 1990（28）: 1115 –1171.

[128] Gregory M. The New Keynesian Microfoundations: Comment [J]. *NBER Macroeconomics Annual*, 1987, 2 (87): 105 – 110.

[129] Guay A and F Pelgrin. The U. S. New Keynesian Phillips Curve: An Empirical Assessment [J]. *Bank of Canada Working Paper*, 2004 – 2035.

[130] Hansen L. Large Sample Properties of Generalized Method of Moments Estimators [J]. *Econometrica*, 1982, 50: 1029 – 1054.

[131] Harry G, Johnson. Major Issues in Monetary Economics [J]. *Oxford Economic Papers*, 1974, 26 (2): 212 – 225.

[132] Hashmat K, Zhenhua Z. Estimates of the Sticky – Information Phillips Curve for the United States [J]. *Journal of Money, Credit and Banking*, 2006, 38 (1): 195 – 207.

[133] Hashmat K. Price Stickiness, Trend Inflation, and Output Dynamics: A Cross – Country Analysis [J]. *The Canadian Journal of Economics/Revue canadienne d'Economique*, 2004, 37 (4): 999 – 1020.

[134] Hodge, D. Inflation versus Unemployment in South Africa: Is There a Trade – Off? [J]. *South African Journal of Economics*, 2002, 70 (3): 417 – 431.

[135] Huw Dixon. Unions, Oligopoly and the Natural Range of Employment [J]. *The Economic Journal*, 1988, 98 (393): 1127 – 1147.

[136] Ignazio Angeloni, Luc Aucremanne, Michael Ehrmann, Jordi Galí, Andrew Levin, Frank Smets. New Evidence on Inflation Persistence and Price Stickiness in the Euro Area: Implications for Macro Modeling [J]. *Journal of the European Economic Association*, 2006, 4 (2/3): 562 – 574.

[137] Imtiaz Subhani Muhammad, Hasan Syed Akif, Osman Amber. Does Economics Treat Fashion in a Similar Way Everywhere? [J]. *Actual Problems of Economics*, 2013, 145 (7): 476 – 482.

[138] Ireland P N. Money's Role in the Monetary Business Cycle [J]. *National Bureau of Economic Reseazch, Working Paper*, 2001.

[139] Jeffrey C. Fuhrer. Inflation/Output Variance Trade – Offs and Optimal Monetary Policy [J]. *Journal of Money, Credit and Banking*, 1997, 29 (2): 214 – 234.

［140］ John F. Muth, Rational Expectations and the Theory of Price Movements ［J］. *Econometrica*, 1961 (29): 315 – 335.

［141］ Jordi Galí, J. David López – Salido, Javier Vallés. Rule – of – Thumb Consumers and the Design of Interest Rate Rules ［J］. *Journal of Money, Credit and Banking*, 2004, 36 (4): 739 – 763.

［142］ Jordi Galí J. David L, Javier V. Understanding the Effects of Government Spending on Consumption ［J］. *Journal of the European Economic Association*, 2007, 5 (1): 227 – 270.

［143］ Kenneth J, Arrow. Rational Choice Functions and Orderings ［J］. *Economic*, 1959, 26 (102): 121 – 127.

［144］ Kiley, Michael T. An Empirical Comparison of Sticky – Price and Sticky – Information Models of Price Setting ［J］. *Journal of Money, Credit, and Banking*, 2007, 39 (1): 101 – 25.

［145］ Kilian, Lutz. The Economic Effects of Energy Price Shocks ［J］. *Journal of Economic Literature*, 2008, 46 (4): 871 – 909.

［146］ Kurmann, André. Quantifying the Uncertainty About the Fit of the New Keynesian Pricing Model ［J］. *Journal of Monetary Economics*, 2005, 52: 1119 – 1134.

［147］ Kydland, Finn E and Edward C. Prescott. Time to Build and Aggregate Fluctuations ［J］. *Econometrica*, 1982, 50: 1345 – 1370.

［148］ Leif Danziger. A Dynamic Economy with Costly Price Adjustments ［J］. *The American Economic Review*, 1999, 89 (4): 878 – 901.

［149］ Lindé, Jesper. Estimating the New – Keynesian Phillips Curves: A Full Information Maximum Likelihood Approach ［J］. *Journal of Monetary Economics*, 2005, 52: 1135 – 1149.

［150］ Lipsey R G. The Relation between Unemployment and the Rate of Change of Money Wage Rates in the UK 1862 – 1957: A Further Analysis ［J］. *Economic*, 1960: 1 – 31.

［151］ Lucas, Robert E. Expectations and the Neutrality of Money ［J］. *Journal of Economic Theory*, 1972, 4: 103 – 124.

［152］ Lucas, Robert E. Some International Evidence on output – Inflation Tradeoffs ［J］. *American Economic Review*, 1973, 63: 326 – 334.

[153] Lucas and Robert E. Economic Policy Evaluation: A Critique [J]. *Critique Carnegie – Rochester Conference Series on Public Policy*, 1976 (1): 19 – 46.

[154] Luis J. álvarez, Emmanuel Dhyne, Marco Hoeberichts, Claudia Kwapil, Hervé Le Bihan, Patrick Lünnemann, Fernando Martins, Roberto Sabbatini, Harald Stahl, Philip Vermeulen, Jouko Vilmunen, Sticky Prices in the Euro Area: A Summary of New Micro-evidence. 2006, 4 (2/3): 575 – 584.

[155] Manki N. Gregory, Ricardo Reis and Justin Wolfers. Disagreement About Inflation Expectations [J]. *NBER Working Paper Series*, 2003.

[156] Mankiw, N. Gregory and David Romer (eds.). New Keynesian Macroeconomics [C]. *MIT Press*, Cambridge, 1991.

[157] Mankiw, N. Gregory and Ricardo Reis. Sticky Information versus Sticky Prices: A Proposal to Replace the New Keynesian Phillips Curve [J]. *Quarterly Journal of Economics*, 2002, 117 (4): 1295 – 1328.

[158] Mankiw N. Gregory and Ricardo Reis, Pervasive Stickiness [J]. *American Economic Review*, 2006, 96 (2): 164 – 169.

[159] Maritta Paloviita, Cognitive Abilities and Inflation Expectations [J]. *AEA Papers and Proceedings*, 2019, 109: 562 – 566.

[160] Maurice Obstfeld, Kenneth Rogoff, The Mirage of Fixed Exchange Rates [J]. *The Journal of Economic Perspectives*, 1995, 9 (4): 73 – 96.

[161] Michael T. Kiley. A Quantitative Comparison of Sticky – Price and Sticky – Information Models of Price Setting [J]. *Journal of Money, Credit and Banking*, 2005, 39: 101 – 125.

[162] Mikhail Golosov. Optimal Indirect and Capital Taxation [J]. *The Review of Economic Studies*, 2003, 70 (3): 569 – 587.

[163] Moscarani, Giuseppe. Limited Information Capacity as a Source of Inertia [J]. *Journal of Economic Dynamics and Control*, 2004, 28: 2003 – 2035.

[164] Nakamura, Emi, and Jón Steinsson. Five Facts About Prices: A Reevaluation of Menu Cost Models [J]. *Journal of Econometrics*, 2006b (161): 47 – 55.

[165] Nakamura, Emi and Jón Steinsson. Price Setting in Forward – Looking Customer Markets [J]. *Journal of Monetary Economics*, 2011, 58 (3): 220 – 233.

[166] Nason, James M and Gregor W. Smith. Identifying the New Keynesian Phillips Curve [J]. *Federal Reserve Bank of Atlanta Working Paper Series*, 2005: 1.

[167] Neiss, Katharine S. and Edward Nelson. Inflation Dynamics, Marginal Cost, and the Output Gap: Evidence from Three Countries [J]. *Journal of Money, Credit and Banking*, 2005, 37 (6): 1019 – 1045.

[168] Olafsson. The New Keynesian Phillips Curve: In Search of Improvements and Adaptation to the Open Economy [J]. *Central Bank of Iceland Wor king Papers*, 2006: 31.

[169] Olivier Jean Blanchard, Nobuhiro Kiyotaki Monopolistic Competition and the Effects of Aggregate Demand [J]. *The American Economic Review*, 1987, 77 (4): 647 – 666.

[170] Phelps, Edmund S. , Money-wage Dynamics and Labor-market Equilibrium [J]. *Journal of Political Economy*, 1968, 76 (4): 678 – 711.

[171] Phelps, Edmund S. , Phillips Curves, Expectations of Inflation and optimal Unemployment over Time [J]. *Economica*, 1967, 34 (135): 254 – 281.

[172] Phillips, A. W. , The Relationship between Unemployment and the Rate of Change of Money Wage Rates in the United Kingdom, 1861 – 1957 [J]. *Economica*, 1958, 25: 283 – 299.

[173] Reis, Ricardo, A Sticky – Information General – Equilibrium Model for Policy Analysis [J]. *Working Paper of National Bureau of Economic Research*, 2009a.

[174] Reis, Ricardo, Inattentive Consumers [J]. *Journal of Monetary Econom-ics*, 2006, 53 (8): 1761 – 1800.

[175] Reis, Ricardo. Inattentive Producers [J]. *Review of Economic Studies*, 2006, 73: 793 – 821.

[176] Reis, Ricardo. Optimal Monetary Policy Rules in an Estimated Sticky – Information Model [J]. *Working Paper of Columbia University*, 2009b.

[177] Richardson L. L. Impact of the Mutual Obligation Initiative on the Exit Behaviour of? Unemployment? Benefit Recipients: The Threat of Additional Activities [J]. *Economic Record*, 2002, 78 (243): 406 – 421.

[178] Robert E. Lucas. Macroeconomic Priorities [J]. *The American Economic Review*, 2003, 93 (1): 1 – 14.

[179] Robert G. King. Toward a Modern Macroeconomic Model Usable for Policy Analysis: Comment [J]. *NBER Macroeconomics Annual*, 1994, 9 (14): 118 – 129.

[180] Robert J. Barro, Ramsey Meets Laibson in the Neoclassical Growth Model [J]. *The Quarterly Journal of Economics*, 1999, 114 (4): 1125 – 1152.

[181] Roberts, J. M. New Keynesian Economics and the Phillips Curve [J]. *Journal of Money, Credit and Banking*, 1995, 27: 975 – 984.

[182] Roberts J M. How Well does the New Keynesia Sticky – price Mod-el Fit the Data? Federal Reserve Board [J]. *Financ and Economics Discussion Series*, 2001 – 2013.

[183] Roberts J M. Is inflation sticky? [J]. *Journal of Monetary Economics*, 1997, 39 (2): 173 – 196.

[184] Rotemberg, Julio J and Michael Woodford. An Optimization – Based Econometric Framework for the Evaluation of Monetary Policy [J]. *NBER Macro Economics Annual*, 1997 (12): 297 – 346.

[185] Rotemberg Julio J. Sticky Prices in the United States [J]. *Journal of Political Economy*, 1982 (90): 1187 – 1211.

[186] Rudd, Jeremy and Karl Whelan. Modelling Inflation Dynamics: A Critical Review of Recent Research [J]. *Board of Governors of the Federal Reserve System International Finance and Economics Discussion Papers*, 2005, 66.

[187] Rudd, Jeremy and Karl Whelan. New Tests of the New – Keynesian Phillips Curve [J]. *Journal of Monetary Economics*, 2005 (52): 1167 – 1181.

[188] Rumler F. Estimates of the Open Economy New Keynesian Phillips Curve for EurArea Countries [J]. *ECB Working Paper*, 2005 (496).

［189］Samuelson P A and R M Solow. Analytical Aspects of Anti – Inflationary Policy ［J］. *American Economic Reviews*, 1960 (50): 177 – 194.

［190］Santomero A M and Seater J J. The Inflation – Unemployment Trad-eOff: A Critique of the Literature ［J］. *Journal of Economic Literature*, 1978, 16 (2): 499 – 544.

［191］Sargent, Thomas J. he Conquest of American Inflation ［J］. *Princeton University Press*, 1999.

［192］Sargent, Thomas J. The Ends of Four Big Inflations in Robert E ［J］. *Inflation. University of Chicago Press*, 1982: 41 – 97.

［193］Scott, Alasdair. On Modelling Inflation Dynamics in an Open Economy Setting ［J］. *hosted by the Bank of Finland in Helsinki*, 2004: 17 – 19.

［194］Sims, Christopher A. Implications of Rational Inattention ［J］. *Journal of Monetary Economics*, 2003, 50 (3): 665 – 690.

［195］Sims, Christopher A. Inflation Expectations, Uncertainty, the Phillips Curve, and Monetary Policy ［J］. *paper presented at Federal Reserve Bank of B oston Conference*, 2008: 10 – 11.

［196］Sims, Christopher A. Rational Inattention: Beyond the Linear – Quad-ratic Case ［J］. *American Economic Review*, 2006, 97 (3): 586 – 606.

［197］Steinsson, Jón. The Dynamic Behaviour of the Real Exchange Rate in Sticky Price Models ［J］. *Central Bank of Iceland Working Papers*, 2005: 28.

［198］Takatoshi Ito, Kiyotaka Sato. Exchange Rate Changes and Inflation in Post – Crisis Asian Economies: Vector Autoregression Analysis of the Exchange Rate Pass – Through ［J］. *Journal of Money, Credit and Banking*, 2008, 40 (7): 1407 – 1438.

［199］Taylor, John B. Aggregate Dynamics and Staggered Contracts ［J］. *Journal of Political Economy*, 1980 (88): 1 – 22.

［200］Taylor J B., Staggered Wage Setting in a MacroModel ［J］. *American Economic Review*, 1979 (69): 108 – 113.

［201］Walsh, Carl E. Monetary Theory and Policy (3nd edition) ［J］. *MIT Press*, 2010.

[202] White, William R. Is Price Stability Enough? [J]. *BIS Working Papers*, 2006 (205).

[203] Wolman, Alexander L. Sticky Prices, Marginal Cost, and the Behaviour of Inflation [J]. *Federal Reserve Bank of Richmond Economic Quarterly*, 1999, 85 (4): 29 – 48.

[204] Woodford, M. Firm-specific Capital and the New Keynesian Phillips Curve [J]. *NBER Working Paper*, 2005: 11149.

[205] Woodford M. Interest and Prices [C]. *Princeton University Press*, *Princeton*, *NJ*, 2003.